人類で初めて気球で北極点を目指した探検隊はなぜ生還できなかったのか

北極探検隊の謎を追って

Expeditionen

ベア・ウースマ 著
ヘレンハルメ美穂 訳

青土社

北極探検隊の謎を追って

人類で初めて気球で北極点を目指した
探検隊はなぜ生還できなかったのか

目次

この本に記されていることは、すべて真実だ。全部、ほんとうにあったこと。

267ページから270ページまでを除いては。

1.

アンドレー探検隊とわたし

ひとつのラブストーリー

わたしは寒いのが大嫌いだ。風の強い日に手袋もしないで外に出ることを考えただけでパニックに陥る。外が氷点下となれば、なるべく外に出ないようにしようと思う。昔はイラストレーターだった。そのあと医学部に入って医師になった。子どもにも寒い思いをさせまいと、暖かい靴下をよぶんに買いこむ。何時間もお風呂に浸かる。食器洗浄機に食器を入れる。食器洗浄機に食器を入れるのが面倒でしかたがない。バスの定期券を持っていて、マンションの入り口には暗証番号があって、固定金利で住宅ローンを組んでいる。スケジュール帳を持っていて、ジョギング用のプレイリストをつくっていて、そして毎日、十五年前からずっと、北極海に浮かぶ真っ白なにかの破片のような孤島に思いを馳せている。まったくの無人島で、氷河に覆われ、その縁はどこも垂直に海へ落ちこむ断崖絶壁だ。いつも流氷に囲まれているので、到達不能な島と呼ばれる。わたしはこれまでに三回、その島に行こうとしたけれど、三回ともあと少しというところで引きかえすはめになった。無理に行くと、船が動けなくなって、ミントグリーンの巨大な氷盤に切り裂かれてばらばらになってしまうかもしれないから。植物の育たない島だけれど、南のほうの端に、狭いながらも氷河に覆われていない石の海岸、海に突きでた小さな岬がある。砕石と砂利、流木が何本かあるだけの場所だ。この海岸に、わたしは行きたい。いや、行かなければならない。

十五年間、この海岸に焦がれつづけている。着いたらなにをするつもりなのか、自分でもよくわからないけれど、それでも、行かなければならない。〝白い島〟を意味する、クヴィトーヤ島へ。

一九九〇年代の中ごろ、退屈なパーティーの最中のこと。わたしはひじ掛け椅子に座っていた。本を一冊、本棚から抜きだしてみた。『エルネン号で北極へ――一八九七年アンドレー北極探検隊』。読みはじめた。やがて立ちあがり、帰宅した。本を持って。以来、この本はわたしの家の本棚におさまっている。あれからずっと、十五年を超える年月のあいだ、わたしはアンドレー探検隊のことを考えつづけている――ストックホルム在住の男が三人、水素気球で北極をめざしているあいだに消息を絶った。三十三年後、三人のいた最後の野営地の跡が、北極海にぽつんと浮かぶ孤島で、すっかり凍結した状態で見つかった。三人の遺体は白骨化し、小さなテントはぼろぼろになっていた。この話について知れば知るほど、それはわたしの中でどんどん現実味を増す。白黒写真が少しずつカラー写真に変わっていくように。

極地探検の歴史は、英雄的な探検隊の物語であふれている。十九世紀の末、北極も南極もまだ、世界地図では空白でしかなかったころ、未踏の大地にあえて飛びこんでいった勇敢な男たちが何人もいた。霜であごひげを白くしたタフガイたち――たとえば、フリチョフ・ナンセン〔（一八六一～一九三〇）ノルウェーの探検家・政治家　一八九三年～九六年に北極遠征〕、ローアル・アムンセン〔（一八七二～一九二八）ノルウェーの探検家　人類初の南極点到達に成功〕、アドルフ・エリク・ノルデンショルド〔（一八三二〜一九〇一）スウェーデン系フィンランド人探検家　北極海航路の開拓に成功〕。すさまじい試練を乗り越え、国の英雄として帰還した。王から勲章を授けられた。ハッピーエンド。そんな中で、アンドレー探検隊の物語は異彩を放っている。あとから振りかえってみれば、彼らがそもそも出発するべきでなかったことは火を見るより明らかだ。

例の退屈だったパーティーから何週間か経ったころ、車でヨーテボリに行く用事があった。グレンナのそばを通ったので、アンドレー博物館に立ち寄った。そこで初めて探検隊の装備を目にしたわたしに、なにかが起きた。わたしは展示台から展示台へと歩きまわり、ホッキョクグマの歯の跡のついた缶詰や、自力で修理した跡のあるそりを、何時間もかけて眺めつづけた。車に戻り、国道四十号線を走りだしたときには、視線こそ道路に据えていたけれど、たったいま見たもののことで頭がいっぱいだった。冷静になろうとしてもうまくいかず、まるで人間の生き血を初めて味わった吸血鬼のようだった。アンドレー探検隊は、わたしの探検隊になった。

またアンドレー博物館へ行った。古書店でアンドレー探検隊についての本を買うようになった。なにかを探しはじめていたのだが、なにを探しているのかは自分でもよくわからなかった。はっきりしていたのはただひとつ、探検隊の中へ入っていかなくては、行けるところまで行かなくては、という思いだけだった。読む本が尽きると、博物館の資料庫に保管されている十九世紀末の原資料にあたりはじめた——アンドレーのホテル滞在の請求書、注文した品のリスト、遺言書、海難審判の記録から、ぎっしりと文字の詰まった切ないラブレター、写真の裏に記された私的なメッセージまで。いったいなにを探し求めているのか、自分でもよくわからないまま、学校で描かされたらしい下手な犬の絵を、じっと座って見つめていたこともあった。それでもなお、わたしはやっぱり探しつづけた。探検隊の最年少メンバーは、消息を絶った当時、婚約したばかりだった。わたしは彼の親戚に会った。婚約者の親戚にも会った。隊員三人の人生の痕跡をたどり、住民登録簿、不動産登記簿、ストックホルムの人口調査記録をめくって読んだ。三人がそれぞれ住んでいた住所を訪ねた。建物の中の共同階段にまで入った。

アンドレー探検隊の物語には、いまだ解明されていない、ひとつの謎がある。三人の死因がわかっていないのだ。ある意味、医学のからんだ推理小説に似ている。一八九七年七月十一日、十三時四十六分、気球エルネン〔「鷲」の意〕号はスピッツベルゲン諸島〔古い呼称で、現スヴァールバル諸島（ノルウェー領）の大半に相当する〕を飛びたって北へ向かい、雲のあいまに消えた。四日後、三人が連れていった伝書鳩のうち、一羽が戻ってきた。ブイがいくつか海岸に漂着した。それから三十三年間、沈黙が続いた。一九三〇年、北極海の無人島クヴィト島で、探検隊の三人の遺体が偶然発見された。野営地跡から三人の日誌が見つかり、それを読んでみたところ、エルネン号は風船部分からのガス漏れで、出発から三日後にはもう、北極海の叢氷のただ中に不時着していたことがわかった。三人はそれから三か月にわたり、つねに湿気と寒さにさらされた状態で、重さ数百キロのそりを引いて氷上を歩き、陸地へ戻ろうとしていた。そうして八十七日間、人間離れした苦役を続けたのち、クヴィト島に上陸したところで、日誌の記述がぷつりと途絶える。食料は大量に携えていたし、暖かい衣類も、きちんと動く猟銃もあり、弾薬も数箱分残っていた。にもかかわらず三人は、そりに積んだ荷物をろくに解く間もなく亡くなった。

クヴィト島で凍りついていた日誌のページは解凍され、適切に処理されたので、なにが書かれているかはいまでも読むことができる。野営地跡で見つかった写真のフィルムも、三十年以上雪に埋もれていたにもかかわらず、無事に現像することができた。だが、日誌の記述があり、隊員が氷上でみずから撮った写真があってもなお、アンドレー探検隊の物語がどんなふうに終わったのかという謎はまだ解明されていない。三人がクヴィト島に上陸したとたん、なにかが起きたのだ。三人が書き記していない、なにかが。一八九七年からずっと、数々の作家やジャーナリスト、医師、極地探検家が、真相をつきとめようとしてきた。だが、三人の死因について仮説を立て、それを科学的に立証できた人はひとりもいない。

いったいどういう謎なのか。まず、前提を確認しよう

1. アンドレー探検隊に参加していた三人、サロモン・アウグスト・アンドレー、ニルス・ストリンドベリ、クヌート・フレンケルは、一八九七年十月五日、クヴィト島に上陸した。出発から三か月、漂流することのない陸地に初めてテントを張った。もうすぐ極夜がやってくる。四か月にわたって続く夜。そのあいだに自分たちが救出される可能性はゼロだと、三人は理解している。当時まだ地図にすら載っていないクヴィト島に、人が探しにきてくれるはずもなく、海岸で越冬するよりほかに道はない。春になったら、スピッツベルゲン諸島の最北部に設けられた補給基地のどれかをめざして、移動を試みることもできるだろう。いずれそこで発見してもらえることを願って。

2. 北極線から千四百キロメートル北にある無人島での越冬は、けっして不可能ではない。この二年前には、ノルウェーの極地探検家ナンセンとヨハンセンが、クヴィト島と同じ海域、ほぼ同じ緯度にあるフランツヨシフ諸島〔現ロシア領、ゼムリャ・フランツァ＝ヨシファ〕で、地面に掘った穴での越冬に成功している。アンドレーはそのことをよく知っていた。（ナンセンとヨハンセンは、冬のあいだずっと穴の中で並んで横になっていたせいで床ずれができた。それでも、文明社会に帰りついたとき、ナンセンの体重は十キロ増えていた。ヨハンセンのほうは六キロ増えていた。）

3. アンドレー探検隊は、食料も、水も、三人が越冬するのにじゅうぶんな量を携えていた。缶詰や乾燥食品のほかに、射殺した野生動物（ホッキョクグマ、アゴヒゲアザラシ、ゾウゲカモメなど鳥類）の肉もたくわえていた。これだけ肉があれば、極夜が明けるまで足りるだろう、と三人は計算していた。持参した調理用の携行ストーブ、プリムス・ストーブは、食料を加熱すると同時に、雪をとかして飲み水にできるよう設計されていた。一九三〇年、野営地跡が見つかったとき、このプリムス・ストーブにはまだ燃料のケロシンが残っていた。試しにつけてみると、クヴィト島に三十三年間放置されていたにもかかわらず、まだ使える状態だった。野営地跡には、マッチも百箱以上あった。

4. 三人が身につけていた服のほかに、体を温めることのできる予備の衣料品も、荷物の中にたくさんあった。ウールのセーター、上着、毛皮の帽子、手袋、靴下、ブーツなど。テント一張りに、ホッキョクグマの毛皮二枚、何枚もの毛布、トナカイの毛皮でつくられた寝袋もあった。

5. 薬品もあり、使える猟銃も三挺、弾薬の入った箱もたくさんあった。

そのあとになにが起きたかはわからないが、確かなことがいくつかある

1．十月六日は猛吹雪だった。

2．十月七日、島で二晩を過ごしたのち、三人はテントを、海岸線から百五十メートル離れたところ、低い岩山の陰に移した。海岸に散らばっている流木を集めはじめ、積みあげていった。越冬のための小屋を建てる計画だった。

3．十月八日は嵐で、三人はテント内にとどまるしかなかった。クヴィト島に上陸してから三日が経っている。アンドレーの日誌はここで途絶えている。

4．その後、どのくらい時間が経ったかは不明だが、なにかが起きて、最年少の隊員ニルス・ストリンドベリが命を落とした。彼が亡くなった時点で、ほかのふたりのうち、少なくともひとりは生きていたと断言できる。ストリンドベリは岩のすきまに横たえられ、その上に石を積まれて埋葬されていたからだ。だが、アンドレーも、フレンケルも、このできごとについてはなにも書いていない。

5．アンドレーとフレンケルが同時に亡くなったかどうかはわからない。片方が先に亡くなって、もう片方がひとり残されたのか、詳細は不明だ。どちらも墓はつくられていない。

三人はどういう経緯で死んだのだろう？

なぜ死んだのだろう？

いったいなにが起きたのだろう？

例のパーティーに行って本を持ち帰ったとき、わたしはもう成人していたけれど、アンドレー探検隊の話そのものは、幼いころから耳にしていた。十二歳のとき、姉といっしょに曲をつくって、メロディーフェスティバル［ユーロヴィジョン・ソング・コンテストのスウェーデン代表を決める国内予選］に応募した。*曲名は『トリヒナ入り！』。なにが〝旋毛虫《トリヒナ》入り〟なのかというと、それはほかでもない、アンドレー、ストリンドベリ、フレンケルが氷上で生き延びるために食べたホッキョクグマの肉のことだった。旋毛虫は動物に寄生するが、その肉をじゅうぶん加熱せずに食べてしまうと、人間にも感染することがある。一九七〇年代から八〇年代にかけては、アンドレー探検隊は旋毛虫症で死んだというのが通説だった。だが現在では、旋毛虫に感染して死ぬことはまずないと判明している。

スウェーデンでは、数ある極地探検の物語の中でも、アンドレー探検隊を題材とした本や映画がもっとも多い。本は五十冊以上書かれているが、そのほとんどが似たような結末を迎える――三人はへとへとになってクヴィト島に上陸する。まずニルス・ストリンドベリが、旋毛虫症にあらがう体力をなくし、高熱を出して痙攣を起こしつつ絶命する。サロモン・アウグスト・アンドレーと、クヌート・フレンケルも、旋毛虫症のため衰弱し、テント内で並んで息絶える。何冊かの本を続けて読んでみたところ、わたしは、本の著者たちがクヴィト島でのできごとを書くにあたって、互いの情報を引用しあっていることに気づいた。ただの推測であっても、それが何度も何度も繰りかえされると、やがて真実になってしまうのだ。

＊わたしたちの曲は結局、メロディーフェスティバルには採用されなかった。

ほんの数日のあいだに、まだ若い三人の命を奪ったのは、いったいなんだろう？　死因については、旋毛虫症のほかにも、さまざまな説がとなえられてきた。それなりに科学的な裏付けが取れている説もあれば、想像の産物でしかない説もある。いずれにせよ、根拠となる手がかりはきわめて少ない。

低体温症、一九三〇年

『エルネン号で北極へ』は、アンドレー探検隊についてのもっとも有名な本だ。（野営地跡が発見された三か月後にはもう、十五か国語で翻訳刊行されていた。）この本は、隊員たちは極地の気候にそぐわない服を着ていたため、凍死したにちがいない、としている。

テント内での一酸化炭素中毒、一九三一年

雪に埋もれたテントの中で調理をすれば、遅かれ早かれ、一酸化炭素中毒で窒息死することになるだろう。エルンスト・リリエダールによる『アンドレー探検隊はどのような最期を迎えたのか？』という小冊子で、この説が初めて登場する。ヒューゴー・ニコラウス・パリーンも、一九三四年の著作『アンドレーの謎』で、同じ説をとなえている。

モルヒネ、一九三五年

ペーテル・ヴェッセル・サプフェは、クヴィト島の野営地跡が発見された当時、現場にいて写真撮影を担当していた。その野営地跡で、彼はモルヒネの入ったガラス管を見つけた。薬の過剰摂取で自殺したのでは？　サプフェは現場ですでにそう考えはじめたが、自説を公にしたのはその五年後だった。黙っていたのは、所属していた遠征隊の隊長に、アンドレーの名誉を汚すなと言われたかららしい。

旋毛虫症、一九五二年

医師のエアンスト・エーダム・トリューゼは、野営地跡で見つかって持ち帰られたホッキョクグマ肉のうち、少量のサンプルを分析に出した結果、旋毛虫の幼虫が形成する嚢の痕跡を発見した。彼は本をまるまる一冊書いて自説を披露した。『クヴィト島の死者たち――アンドレーについての真実』という本だ。アンドレー探検隊の話を聞いたことがあるという人にくわしく尋ねてみると、ほぼかならず旋毛虫症が話題にのぼる。だが、旋毛虫症で死に至ることはまずないのだ。にもかかわらず、スウェーデン感染症対策研究所［現在は公衆衛生庁に統合されている］ウェブサイト、疾病情報のコーナーにすら、アンドレー探検隊のメンバーは旋毛虫症で死亡したとみられる、との記載がある。

テント内での酸欠、一九五三年

アルトゥル・ヴィルヘルム・グラニートは、ストリンドベリの死因についてはなにも発言していないが、『フーヴッドスターズブラーデット』紙［フィンランドで発行されているスウェーデン語新聞］の記事で、アンドレーとフレンケルは猛吹雪のため雪に埋もれたテントの中で、酸欠により窒息死した、との説を展開している。

アヘン、一九八三年

冬のクヴィトーヤ島で、みずから好きこのんでテント暮らしをする人はまずいないだろう。氷河学者、ヴァルテル・シュットは、自身も北極で越冬した経験があり、それで精神にどんな影響が及ぶかも知っている。彼は医学雑誌『レーカルティーニンゲン』誌の記事で、アヘンの過剰摂取による自殺という説をとなえている。

ビタミンA過剰症、一九九四年

ビタミンAはホッキョクグマやアザラシの肝臓に蓄積されるもので、大量に摂取すると毒になる。アンドレー探検隊のメンバーは、ホッキョクグマの肝臓が毒であることは知っていたが、アザラシの肝臓も同様だとは知らず、氷上でアザラシの肝臓を食べていた。この説はどういうわけか、あまり広まっていない。わたしが見つけたのは、R・S・ウッドラフというアメリカ人男性がアンドレー博物館に送った手紙一通だけだ。

鉛中毒、一九九八年

十九世紀末には、鉛で缶詰をはんだ付けするのがふつうだった。そのせいで、食料は缶詰だけという状態で越冬を試みた極地探検家が、何人も亡くなっている。アンドレー探検隊も缶詰をたくさん持参していた。この説は、毒物情報センター所長のマルク・ペションネ上級医が、考えられる複数の仮説のひとつとして提示したものだ。

ボツリヌス症、二〇〇〇年

ボツリヌスE型毒素は、この世界に存在する中でも有数の強力な毒物だ。北極海の海底に生息する細菌がつくりだすもので、アザラシ肉の中で増えることもある。魚の缶詰から見つかることもある。アンドレー探検隊は魚の缶詰を持参していた。既述のマルク・ペションネは、『レーカルティーニンゲン』誌の記事で、死因をめぐるさまざまな説を分析し、考えられる死因のひとつとしてボツリヌス症を挙げた。

すでに百年以上が経っている。仮説や推測は数あれど、三人の死因を立証できた人はひとりもいない。あらゆる本を読みつくし、使い古された同じ情報が何度も繰りかえされているのを見て、わたしは思った――これは最初からやり直すしかなさそうだ。もう一度、あらゆる角度からパズルを見直して、一から組みたてていけば、たとえピースが欠けていたとしても、その形ぐらいは浮かびあがってくるにちがいない。

もう何年も、わたしは夕食の席で、まったく関心のない家族や友人、知らない人にまで、ニルス・ストリンドベリの靴の底がすり減ってつるつるになっていた話をくわしく語って聞かせ、みんなをうんざりさせてきた。これから、中途半端になっていることをちゃんと終わらせよう。謎を解くのだ。

とはいえ、そのためには、アンドレー探検隊のもっと奥深くまで入りこまなければならない。三人を追いかけていくしかない。彼らの服の内ポケットにもぐりこむ。ぼろぼろの日誌に記された言葉の裏へ入りこむ。海に浮かんだ氷の上にいて、そこから逃げられなくなった人間に、いったいどんなことが起きるかを理解する。氷の中へ、雪殻の下へ行く。三人が死んだ場所へ行く。クヴィトー島へ行く。それしか道はない。

fynd på Vi

2.

陸地

氷の海のはずれ、フルカラーの海岸

北極海の、北緯八十度あたり、北ノルウェーと北極を結ぶ直線上に、スピッツベルゲン諸島がある。この荒涼とした、植物のまったくない岩だらけの島々の中でも、北の端のほうにあるのが、ダンスク島だ。一八九七年、季節は夏。七月半ばなのに、気温はマイナス三度しかない。ここから二千百二十キロメートル南に、ストックホルムがある。二千百二十キロメートル、それがわが家までの距離だ。

ここから北の地図は真っ白で、〝Unexplored region（人跡未踏の地）〟とだけ記されている。北極がすみずみまで探索されるのは、まだ五十年以上あとのことだ。そのころになってようやく、北極に陸地がないこと、全体が氷に覆われた海でしかないことがわかって、海域はそれぞれ海底の地形にしたがって命名される。氷の下、数千メートルのところで、波打つ海底堆積物の層によってかたちづくられた地形――ナンセン海盆、ガッケル海嶺、アムンセン海盆、ロモノソフ海嶺、マカロフ海盆、メンデレーエフ海嶺、カナダ海盆、アルファ海嶺。氷点下の塩水の上に、厚さ何メートルもの氷が一年じゅう浮かんでいる。だが、人々はまだ、そのことを知らない。

アラスカ
シベリア
カナダ
UNEXPLORED REGION
（人跡未踏の地）
北極点
スピッツベルゲン諸島
スウェーデン

これまでのところ、自国の旗を地球の最北点に立てることには、まだだれひとり成功していない。探検家たちは北極の氷塊を制すべく、さまざまな方法をこころみてきた――スキーで移動したり、犬ぞりを使ったり、流氷に閉じこめられた大きな船で漂流してみたり。上級技師、サロモン・アウグスト・アンドレーは、こうした方法に代わり、当時の最新技術である水素気球を使って、優雅に空中を飛んで北極点に到達するというアイデアを披露し、資金の確保にこぎつけた。飛行距離がなるべく短くなるよう、当時の人類が知る最北の陸地、スピッツベルゲン諸島から出発する。南風を気球の帆に受けて飛べば、わずか数日で、少人数の探検隊は北極点に到達するだろう。そこで着陸はしない。〝一番乗り！〟のしるしに、メッセージを入れた大きなブイを落とすだけだ。気球はそのまま飛行を続け、アラスカ、カナダ、シベリアのいずれかの陸地をめざす。どこへ行くかは風向きしだいだ。探検隊のメンバーは男三人、いずれもストックホルム在住で、これまではおもにデスクワークに従事してきた。

その三人はすでに現地入りしている。用意もできている。スピッツベルゲン諸島北部、家から二千百二十キロメートル離れたところにある、この小さな岩の島で。気球に積みこむ荷物には、ロシアのルーブル紙幣とアメリカのドル紙幣に加えて、糊のきいたクラバットタイ、白い革手袋、ピンクの絹スカーフもおさまっている。アンドレーと、彼の若い助手たちが、着陸して華々しく迎えられるにあたって、立派な服装でいられるように。

水素気球
サロモン・アウグスト・アンドレー
ニルス・ストリンドベリ
クヌート・フレンケル

サロモン・アウグスト・アンドレーは四十二歳だ。南スウェーデンの小さな町、グレンナの出身で、ストックホルムの王立特許登録庁で技師として働いている。特許の出願を認めるか拒むかを決めるのが仕事だ。北極圏には前にも一度来たことがあるが、そのときはほぼずっと屋内で過ごしていた。二十八歳のとき、研究者の一団に助手として同行し、スピッツベルゲン諸島にある《スウェーデン人の家《スヴェンスクフーセット》》〔スピッツベルゲン島西部に一八七二年、鉱業の拠点として建てられた二階建ての家〕で、みずからすすんで一か月の軟禁生活を送ったのだ。日の光が不足すると顔の肌の色にどのような影響があるかをつきとめるためだった。（ほかの参加者たちはアンドレーと仲違いしていたので、ちょうど都合がよかった。仲違いの原因は、アンドレーが計算をまちがえたせいで、ランプ用のケロシンが不足していたことだ。これはアンドレーが任されていた数少ない仕事のひとつだった。）ほんとうは気球で大西洋を横断するのが夢だが、そちらの計画にはだれも資金を出してくれなかった。彼は探検隊長として、あとふたりの隊員をみずから選んだ。

クヌート・フレンケル、二十七歳、カールスタード生まれで、ストックホルムの王立工科大学を卒業したばかりだ。応募の手紙では技師を名乗ったが、職務経験はまだない。探検中は気象観測をおこなうことになっている。出発に先立って撮影された報道用の写真に、彼はひどく不満だ。〝新しい肖像写真はいっさい欲しくない。前のほうが良かったように思う〟

ニルス・ストリンドベリ、二十四歳、探検隊の三人の中では彼が最年少だ。王立工科大学の学生で、指導助手も務めている。物理学、数学、天文学で優秀な成績をおさめ、教授陣の目にとまっていた。探検中の任務は、北極周辺の地図を作成できるよう、空中から見える景色の写真を撮り、位置を測定することだ。ニルス・ストリンドベリは探検隊の副隊長、つまりアンドレーが〝任務遂行不可〟となった場合に、代わって探検隊を率いる立場にある。出発前に少し〝エスキモー語〟を勉強しようと考えていた。が、結局、そうする時間はないままだった。

岩だらけの山の斜面と、ミントグリーンの氷河のあいだに、八角形の建物がそびえ、旗が風になびいている。ダンスク島の海岸のまんなかに建ったこの気球小屋は、中に入っている特製の水素気球が出発するとき、すんなり空へ飛びたてるよう、壁の木の板をはずしてすぐに分解できるようになっている。気球の風船部分は、半分ほどしかガスの入っていない状態で、フェルト地の床にずしりと垂れかかっている。離陸するにはまだガスが足りない。海辺には水素を製造する装置が置いてある。探検隊の船から氷盤の上を引きずって陸まで運んできたものだ。装置は一日じゅう、ずっと動いている。水素ガスをつくるには、二万三千キロに及ぶ鉄の削りくずを、液体状の硫酸に溶かしこんで、海水と混ぜる。ガスは海岸をくねくねと伸びる長いホースに送りこまれ、薄赤色の風船をゆっくりと満たしていく。

$$Fe(s) + 2H^{+}(aq) > Fe^{2+}(s) + H_2(g)$$

気球小屋の床のまんなかに、穴がひとつあいている。その下の凍土に深さ一メートルの穴が掘ってあり、気球の出発前にはバスケット部分がここに設置される予定だ。荷物はすべて、ていねいに印をつけてある。ハンカチやタオルにも全部、〝Andrées Pol. Exp. 1896（アンドレー北極探検隊、一八九六）〟とチェーンステッチで刺繍してあるが、いまはもう一八九七年だ。印は一年古くなってしまっている。ほんとうは去年出発するはずだったのに、それが実現しなかったからだ。気球が北極へ飛んでいくには、南風が吹かなければならない。去年の夏、アンドレーはずっと、風向きが変わるのをひたすら待っていた。だが八月の末にはあきらめて帰国するしかなかった。そうしないと秋の嵐が来てしまうから。

そして、一八九七年のいま。一年待って、ふたたび挑戦する。今夜はニルス・ストリンドベリが見張り番だ。彼は気球小屋の壁にもたれて座っている。こうして小屋の中で気球を眺めていると、まるで風船が息をしているように見える。徐々にふくらんではしぼんでいく。ストリンドベリは手帳を開く。一ページ目に、別れに際して婚約者アンナ・シャーリエから贈られたカードが貼りつけてある。ちょうど気球が地面から浮かびあがったところを描いた、四色刷りの絵。目を凝らしてみると、アンナが鉛筆で、気球の下の地面に自分の姿を描き入れたのがわかる。くるぶし丈の長いスカート、ひとつにまとめた髪。ハンカチを振っている。

別れを告げあったのは七週間前だ。彼はストックホルムを出発する前、全財産をアンナに遺す旨の遺言書をしたためた。ニルス・ストリンドベリは二十四歳。あと三か月の命である。

今年もまた、こうしてここに座っていながら、それでも今年の自分は、世界のだれよりすばらしい女性、心より愛するアンナと婚約しているのだと考えると、じつにふしぎな心持ちだ。過ぎ去った幸福、もう二度と手に入らないかもしれない幸福を思えば、涙が出るのも無理はない。とはいえ、アンナはこれから幸せになれる、それだけをわかっていれば、いったいなにを悲しむことがあろう。しかし、アンナがぼくを愛していることは知っているし、そのことを誇らしくも思っている。ぼくが命を落とせば、彼女はひどく心を痛めることだろう。それゆえに、アンナを想い、この冬、そしてなによりこの春、ともに過ごした幸せな日々を思いかえすとき、ぼくは物憂さを覚えずにはいられない。

しかし、希望を抱こうではないか。気球はワニスで仕上げてあるから、去年に比べ、漏れははるかに少ないはずだ。この先には夏が待っていて、好ましい風が吹き、太陽の光が差す。どうしてぼくたちの企てが成功しないわけがあろう。ぼくは心の底からその実現を信じている。

アンナ・シャーリエは、南スウェーデン、スコーネ地方のグローマンストルプで、十人きょうだいの下から二番目として生まれた。この春、ニルス・ストリンドベリは週末が来るたびに、ストックホルム・シェップスホルメン島の桟橋から蒸気船に乗り、アンナの働く寄宿学校、ヨハネスダールへ赴いていた。アンナは学校に住みこんで、女子生徒十二人を相手に音楽を教えている。彼女はピアノ教師であり、家庭教師でもある。

アンナ・アルベルティーナ・コンスタンティア・シャーリエは二十五歳。コンサート・ピアニストになる夢を抱いている。

彼女の名字、シャーリエは、フランス語で水素気球を意味する〝シャルリエール〟と同じ語だ。

ダンスク島に雪が降っている。探検隊の気球は水素ガスに満たされ、小屋の内側で浮かんでいて、何百もの砂袋がそれを地上につなぎとめている。そして、雪が降っている――アンドレーは、ストックホルムで探検の計画を披露した際、北極圏はつねに晴れていて雨や雪がほとんど降らないので都合がいい、と述べていたのだが。気球小屋には屋根がない。雪が中まで入りこむ。黄色がかった赤い風船全体に、真っ白な雪が降りつもる。

気球の風船部分は、中国製の絹布を三枚重ねにして、パリの裁縫師が縫いあわせたものだ。縦三十センチ、横六十センチの絹布、三千三百六十枚でできている。縫い目の長さは計十四キロメートル。すべて絹布の帯でふさがれている。水素ガスを入れはじめる前、まず空気で風船を満たし、中にもぐりこんで、内側からワニスで縫い目をふさぐ作業もした。この風船部分の下に、出発前、バスケットを取りつける。探検隊の三人は北極への飛行中、このバスケットの屋根の上で仕事をする予定だ。気象観測をおこない、位置の測定をし、はるか下を過ぎ去っていく未踏の地を写真に撮る。

バスケットの中では、まっすぐに立つこともままならない。体を伸ばして寝台に寝そべるのも、ひとりずつでなければ無理だ。バスケットの屋根から縄梯子が伸びていて、二メートル上にもう一階、張った帆布が床と壁になっている空間がある。ここに荷物の大半が、布製の袋二百四十個に入っておさまっている。ブイもここにしまってある。中に金属製の容器が入っていて、外界へのメッセージをそこに入れる。気球で移動しながら海上にブイを落とすつもりなのだ。木の檻に入った伝書鳩三十六羽も待機している。鳩は『アフトンブラーデット』紙から贈られたものだ。檻にはそれぞれ、餌や水を入れるためのボウルがあり、気球の飛行中に中身がなるべくこぼれないよう、縁が内向きになっている。メッセージを送るときには、紙に書いてそれを丸め、鞘に入れて鳩の尾羽にくくりつける。メッセージのうち半分は『アフトンブラーデット』紙に宛てて、ふつうの文字で書く。もう半分は個人的な伝言で、こちらは速記で書き記す予定だ。ニルス・ストリンドベリが夜間コースで速記術を学んだ。一分あたり百四十五語は書ける。相当な速さだ。どの鳩も、翼の下面に〝ANDRÉE ANDRÉE ANDRÉE〟と捺印されている。残念ながら、時間が足りず、ストックホルムの新聞社まで戻れるよう鳩を訓練することはできなかった。

帆とロープを使って気球を操縦するしくみは、これまでにはなかった先進的なアイデアだ。バスケットの上に、長い麻縄、いわゆる誘導索《ガイドロープ》が取りつけてあり、これが地面を擦りながら気球のあとを追う。その重みで、気球は一定の高度を保ちつつ飛行を続けられるというわけだ。誘導索は二種類に分かれ、ねじこみ接続で固定したりはずしたりできるようになっている。下のほうの長いロープが、つるりとなめらかなはずの氷に思いがけず引っかかってしまったとしても、簡単にねじをはずしてそのロープを手放し、上の短いロープだけを残して飛行を続けることができる。誘導索の氷に対する摩擦と、帆のおかげで、気球はどんな風が吹こうと〝ある程度は操縦可能〟だろう。そういう考えだ。

アンドレーと探検隊のメンバーたちは、これまで何年ものあいだ、ストックホルムで机に向かって根を詰め、圧力を細かく測定し、ガス質量を念入りに測り、綿密な計算を重ねてはびっしりとノートを埋めてきた。滑車も、ロープも、ベルトも、すべてこの気球のため特別に設計され、テストされたものだ。ロープの結び目もひとつ残らず、牽引試験や摩耗試験をおこなって、強度としなやかさを確かめてある。気球の風船部分に使う布の性能については、ニルス・ストリンドベリが何度もテストをおこなった。最高の素材を手に入れるべく、五つの異なる製造元から絹布のサンプルを取り寄せた。工科大学にあった試験機を使って、布の密度や吸水性、柔軟性を徹底的に調べた。そして、この布ならガス漏れを完全に防げる、と結論づけた。布の継ぎ目にも、布そのものとほぼ同等の密度がある、と。

クヌート・フレンケルは、今年参加することになった新しい隊員だ。昨年は彼の代わりに、気象学者のニルス・エークホルムが隊員として名を連ねていたのだが、アンドレー探検隊が一八九六年の夏をダンスク島で過ごしてスウェーデンに戻った直後、エークホルムは脱退してしまった。現地で実際にアンドレーの気球を目にして、これで北極の向こうまで飛んでいくのは無理だと確信したのだ。そのうえ、スウェーデンに戻る道中で、エークホルムはある事実を知った。小屋の中でガス漏れを起こしていた気球に、アンドレーが少なくとも七回はこっそり水素ガスを補充していたというのだ。ほかの隊員たちはなにも知らされていなかった。

アンドレーははじめ、気球が空中にとどまれる期間は九百日間、と計算していた。その後、あらためて計算した結果、この値を三十日間に修正した。それでも〝五重の安全性〟は確保されていた。気球の平均飛行速度は時速二十七キロメートルの予定、したがって北極の向こうへ飛ぶのに必要とされる時間は最大で六日間、という理屈だ。これまでに気球が二十四時間以上飛びつづけた例はひとつもない。

当初、気球の名はフランス語で《北極《ル・ポール・ノール》》号となる予定だった。だが、ここに至って、アンドレーはこれを《鷲《エルネン》》号とした。飛行試験をしたことは一度もない。

水素ガスにはにおいがなく、色もない。気球からガスが漏れていても、ただちにそれを知るすべはない。降りつもっていた雪が風で吹きとばされるやいなや、作業員が風船部分によじのぼる。絹布を損なうことのないよう、フェルト地のカバーを靴にかぶせて、あたりを這いまわり、ガス漏れ発見のため布の継ぎ目に置いた細長い白布に、酢酸鉛を刷毛で塗る。やはり、漏れている。水素ガスが出ているところで化学反応が起きて、布が黒く染まる。漏れのある継ぎ目にワニスを塗りはじめるが、どう考えてもワニスが足りない。持ってきた量が少なすぎたのだ。ストックホルムまでの距離は二千百二十キロメートル。南風を待ちつつ、ダンスク島で過ごす一日ごとに、気球からは水素ガスが失われていく。補充する。漏れる。補充する。漏れる。

これまではスピッツベルゲン諸島北部の近づきがたい海域になど来たことのなかった観光蒸気船が、この夏は何隻もダンスク島の沖に錨を下ろしていた。新聞記者や、裕福な乗客たちが、ヨーロッパ各地から訪ねてきて、かわるがわる石の海岸に降りたっては、長靴で歩きまわっていた。だが、その大半はもう、あきらめて帰ってしまっている。

アンドレー探検隊は、風向きが変わるのを待っている。
ダンスク島に雨が降り、雪が降る。
気球のガスが漏れている。
南風が吹きはじめたら、すぐに出発しなければならない。

わたしたちはロシアの小さな船で旅をしている。乗組員はロシア人。食事もロシア風。わたしが乗客の中でいちばん若い。次に若い参加者と比べても、三十歳ぐらい差がある。アンドレーがここにいたころ、ここはスピッツベルゲン諸島と呼ばれていた。いまはスヴァールバル諸島という名前に変わっている。わたしが北極圏へ来たのはこれが初めてだ。新聞広告には〝アンドレーの足跡をたどる旅〟とあった。極地探検の歴史に縁深い場所を訪れるツアーがあるなんて、それまで全然知らなかった。出発地は、世界の最北部にある町のひとつ、ロングイェールビーン。アンドレーがここに来たころは、そもそも集落などひとつもなく、流木を使って建てた、いまにも風に吹きとばされそうな猟師小屋がぽつんとあるだけだった。スヴァールバル諸島の島々は、ごつごつした岩山、氷河、氷堆石の平たい土地から成る。道路はない。木は一本もない。植物はほとんど育たず、苔が少し生えているのと、まだらに積もった雪のあいだで、なにやらちっぽけな、けれど嵐にも塩水にも強い葉をもった草が、石に沿って地を這っているのがせいぜいだ。

予定では、スヴァールバル諸島の沿岸を船で進み、アンドレー探検隊にかかわりのある場所で上陸することになっている。まず、若きアンドレーが冬のあいだずっと屋内に閉じこもってむくれていた、《スウェーデン人の家《スヴェンスクフーセット》》。わたしたちが乗っている船は対氷補強されているので、流氷にぶつかってぱっくり穴があいてしまうことはないけれど、氷を砕いて進むことはできない。運がよければ、北極海のはるか先まで出ていって、クヴィト島にたどりつき、一九三〇年に探検隊が発見された海岸に上陸できる可能性もなくはない。とはいえ、そこまでの海域が凍っていないことが条件になる。わたしたちの船は、砕氷船ではないのだ。

ほかの乗客はみんな、船べりにもたれて立ち、後ろの氷の上を歩くホッキョクグマと写真におさまろうとすることで、日々を費やしている。わたしは、自分でもどこかおかしいのではないかと思うほど、ホッキョクグマに関心がない。ただ、クヴィト島にたどりつきたい、それだけを願っている。

ツアーが始まってからの数日間、わたしはまったく寒さを感じない。ここの寒さはふしぎなもので、体の中へしみこんでくることがなく、まるで冷たい水銀みたいに皮膚に貼りつくだけなのだ。船はダンスク島の沖に錨を下ろす。百年以上前に気球が離陸した場所。ここの水は不自然なほどに緑色で、どことなくミルクのように不透明だ。まずホッキョクグマを見張る係の人が船を降りる。地面に降りたったとたん、おかしい、とわたしは感じる。なにかがまちがっている気がしてならない。そして、すぐに理解する——色がついているからだ。これまではずっと、気球が離陸する場所の白黒写真ばかり見てきた。いまのわたしは、写真の中に立っている。そして、その写真が、いきなりカラー写真になった。

海岸を歩いていくと、ごろごろと大きな砂利にブーツが埋もれる。気球小屋はとうの昔に解体された。それでもなお、地面のいたるところに探検隊の痕跡が見える。気球を満たす水素ガスの製造に使われた、無数の鉄の削りくずが、石の海岸全体に散らばっている。

海岸線に沿って、オランダ人猟師の墓がずらりと並んでいる。十七世紀、捕鯨のため、この海峡へやってきた猟師たちだ。ここで命を落とした人たちは、故郷に帰ることもかなわず、海岸の砂利の下に埋葬された。ところが、長い年月のあいだに、遺体を覆っていたなけなしの板が凍結によって容赦なく壊され、凍土から白骨が地上に押し上げられている。だから、どこに足を置くか、気をつけなければならない。アンドレーも、ストリンドベリも、フレンケルも、ここにいたときには同じ大腿骨や頭蓋骨につまずいたはずだ。凍りついて損壊した墓のそばを、わたしはゆっくり通り過ぎる。板の割れ目のあいだから、頭蓋骨の真っ黒な眼窩が、わたしをじっと見つめかえしてくる。

さらに少し歩いていくと、そこは気球小屋のあった場所だ。地面にはいまなお、ほつれたロープの切れ端がいくつも落ちている。砂利にはさまった布切れが風にはためいている。床板のざらつきで風船部分に穴があかないよう、気球小屋の床を覆っていたフェルト地の残骸だろう。平らな地面の中央が低くなっているのが見える。気球のバスケットを置くために掘られた穴の跡だ。三万七千九百九十一日前、まさしくこの場所に、アンドレーと、ストリンドベリと、フレンケルが立っていた。真剣そのものの表情で、出発の時を待っていた。いまは、わたしがここに立っている。場所は合っているのに、時代がずれてしまっている。

出発の数秒前

さっき寒さについて言ったことは撤回したい。冷たい水銀みたいだなんて、見当ちがいもいいところだ。まったく、なんとじめじめした、いやな寒さだろう。北極海から吹きつける風が、襟元に、袖口に入りこんでくる。買ったばかりのゴアテックス極地仕様の服を着ているというのに。あの三人が身につけていたのは、ウールのジャケットに、毛糸の手袋だった。

当然ながら、クヴィト島にはたどりつけなかった。本気でたどりつけると思っていたのか？　いつも流氷に囲まれている、到達不能な島だというのに。クヴィト島に上陸などできるわけがない。近づくことさえできないのだ。

3.

空中

極北の叢氷のただ中へ

いま、ほんの束の■、きみに、愛する故郷の人々に思いを馳せていた。いったいどんな旅になるのだろう。ああ、さまざまな思いが押し寄せてくるが、いまは脇へ押しのけるのみだ。

ふしぎな心持ちだ、すばらしい、名状しがたい！　とはいえ、考えに沈んでいる時間はない。ぼくは写真を撮っていたが、やがて高度が下がってきていることに気づいた。バラストを捨ててもしばらくは急降下していた。そのうちにまた高度が上がった。もう問題はなさそうだ。遠くからいまなお観衆歓声が聞こえる。

一八九七年七月十一日。日曜日。二か月前、ニルス・ストリンドベリはストックホルムの石畳の道を、新品の自転車《ベロシペード》で走りまわっていた。〈グランド・ホテル〉でプンシュ［アラックをベースにしたリキュール］を飲み、空気銃で鳩狩りに興じていた。いまの彼は、水素気球の下に取りつけられた、柳を編んだバスケットに乗って、地上八百五十メートルのところを飛びながら、身を乗り出して氷盤を見下ろしている。めざす先は北極だ。足が冷たくて寒い。

四十三日間、ずっと待っていた。そして、ついにその時がやってきた。早朝、見張り番の興奮した大声で起こされた――〝南風！　強い南風です！〟気球小屋の裏山の頂上に立てた長旗が、ついに向きを変えた。行き先を示す矢印のごとく、まっすぐ北を指し示している。安定した南風。気球の出発準備がととのって以来初めてのことだ。

出発するべきだ。探検隊の三人、アンドレー、ストリンドベリ、フレンケルは、全員一致でそう決断を下した。何週間も待っているだけだったのが、たちまち目まぐるしい忙しさにとってかわる。作業員が気球小屋の木組みによじのぼり、北に面した壁板を大急ぎですべて取りはずす。角材も、板も、海岸の石にぶつかって砕ける。重さ四百三十四キロのバスケットが、小屋の中央へ運ばれ、気球に接続される。まだ入れていなかった個人的な所持品も、すべて積みこまれる。電報で送る告別のメッセージが、一通は国王オスカル二世へ、一通は『アフトンブラーデット』紙へ、大急ぎで書きとめられ、地上に残る人々に託される。探検隊の代替要員、ヴィルヘルム・スヴェーデンボリは、ストックホルムから同行し、ほかの隊員が脱落したらいつでも加われるよう、ずっと待機していたわけだが、ここに至って落胆のため息を漏らす。いや、安堵のため息だろうか。

アンドレー、ストリンドベリ、フレンケルは、シャンパンで別れの乾杯をする。出発の時がやってきた。三人がバスケットに乗りこむ。いまだ。

それから数秒のあいだ、ダンスク島のすべてがしんと静まりかえる。フルマカモメが鳴くのをやめる。海岸に打ち寄せる波も、うねりの途中でぴたりと止まる。ストリンドベリは涙をこらえきれない。次の瞬間、アンドレーの声が沈黙を切り裂く――〝全ロープ切断！〟ところが、ロープを切っても、気球は計画どおりに飛んでいかない。むしろ突風にあおられて、気球小屋に残っている唯一の壁にたたきつけられる。隅柱に激しくぶつかったのち、ようやく天に向かって上昇を始める。人々が耳にしたアンドレーの最後の言葉はこれだ――〝なんだったんだ、いまの？〟

気球が板壁を離れ、海峡の上へ飛んでいくと、そこで風が帆をとらえる。気球はくるりと回転し、いきなり海面に向かってがくんと落ちる。隊員たちはパニックに陥り、重し《バラスト》となる砂袋を切り落としだす。そのとき、机上の計算ではだれひとり予測できなかったことが起きた――引きずられて海岸に広がっていた誘導索《ガイドロープ》が、気球の回転につられて、すべて同じ方向に回転する。ロープを固定していたねじがひとりでに回り、海上を飛んでいく気球からロープがはずれて、海岸に置き去りにされる。誘導索を失い、二百キロを超える重しも海に捨ててしまったエルネン号は、たちまち七百三十七キロも軽くなり、あっという間に天空へ、どう考えても高すぎるところまで上がっていく。

エルネン号は誘導索のうち、下のほうにあった三分の二を失った。氷上を這うこのロープがなければ、気球はもう、高度を一定に保つことができない。ロープと氷との摩擦がなければ、帆も機能しない。綿密な計画にしたがって進むはずだった北極への旅は、いまやガス気球が風に吹かれて漂うだけの、制御のきかない空の旅と化している。海岸に残った作業員たちは、アンドレーが気球の排気口を開けて、海峡をはさんだ向かい側にある島の小さな岬、《オランダ人岬《ホッレンダルネーセット》》に不時着するのを、いまかいまかと待っている。だが、そうはならない。エルネン号は、北へ、雲のあいまへ消えていく。

バスケットの屋根の上で、男が三人、残ったロープを継ぎあわせて新しい誘導索をつくろうとしている。だが、うまくいかない。いずれにせよ、気球は南東からの風に乗り、理想的な進路で北極へ向かっている。

離陸から三十分、ニルス・ストリンドベリは、アンナに宛てた別れの手紙を投げ落とし忘れたことに気づく。手紙をあらかじめ箱に入れて、気球で飛び去るときに落とすから、気をつけて見ていてほしい、とダンスク島に残る作業員に頼んであったのだ。ダンスク島の海岸の向かい側にある岬を狙って落とすつもりだった。そして、地上に残った作業員が手漕ぎボートで海峡を渡り、箱を拾って、ストックホルムにいるアンナに届ける。ひょっとしたら彼女の誕生日にまにあうかもしれない。そういう約束だった。ところが、ニルスには手紙を落としている暇がなかった。じつを言うと、すっかり忘れていた。

狙った場所からは、すでに二十キロメートル以上離れてしまっている。

北極海に面した、スピッツベルゲン諸島の最北端、フェアヘイヴン海峡に沿って並ぶ岩だらけの島々の端に、フォーゲルザング島がある。明るいグリーンの凍てつく海水から垂直にそそりたつこの島に、気球が近づいていったところで、ニルスはようやく気づく——遠くからだと平らに見え、降り立ってみたいとすら思わせるこの岩山は、じつはごつごつ尖った巨大な岩塊に覆われている。とはいえ、選択肢はほかにない。この島が最後で、ここを過ぎたら、あとは氷盤の上を漂いはじめるだけなのだ。

彼は身を乗り出し、箱を投げる。

アンナに宛てた別れの手紙を、地上に落とす。だれにも見つけてもらえない島に。

ニルスはカメラを上に向け、風船を固定する網を撮影している

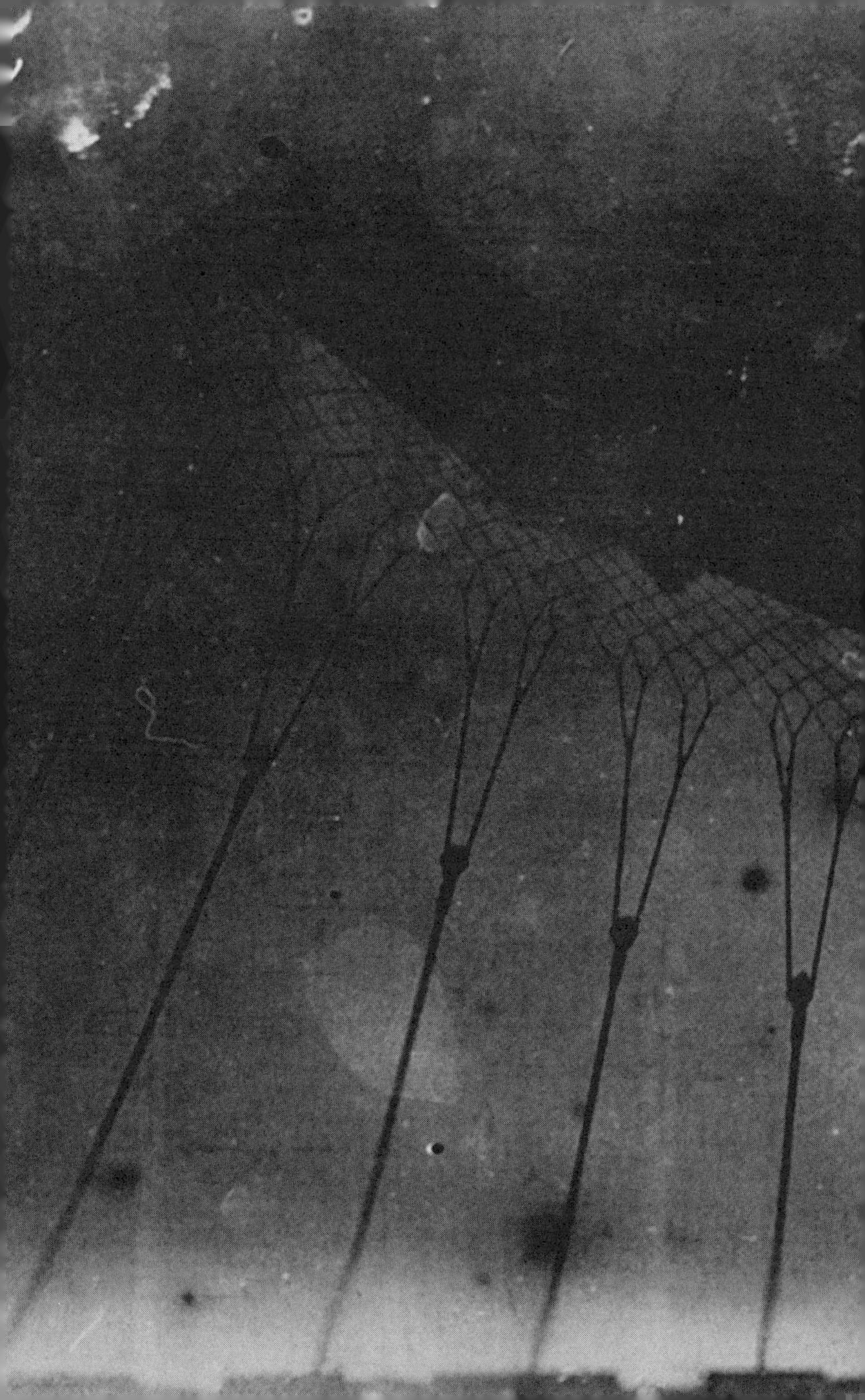

ニルスはカメラを北に向ける

そして、風向きが変わる。そこから、また変わる。誘導索を失った薄赤色の水素気球が、北極海の氷の上をジグザグに飛行する。エルネン号はもはや操縦不可能で、風に吹かれて漂うばかり、だれかがひもを手放してしまったおもちゃの風船のようなありさまだが、小さな探検隊のだれひとりとして、この惨事に言及しようとはしない。ニルス・ストリンドベリが日誌に書きとめたのは、なんとも非情なこのひとことだけだ――〝誘導索は失われた〟。バスケットの中では、なにもかもが静止している。気球が風と同じ速さで飛んでいるので、バスケット内にはいっさい風が吹かない。スウェーデン＝ノルウェー連合王国の旗もなびかず垂れたままだ。聞こえるのは、排気口のたてる甲高い音と、ときどき檻の中で鳴いている伝書鳩の声だけ。排気口が音をたてている理由についても、だれも、なにも言わない――ガスが漏れている。計画では、高度をおよそ百五十メートルに保ちつつ、安定した飛行で北極海を越えるはずだった。誘導索の重みを失った気球はいま、高度七百メートルまで上昇している。この高さでは気圧が低すぎて、風船から水素ガスが押し出されていく。

一行は人跡未踏の地を飛んでいる。雲の中を飛んでいる。北緯八十度より北の地域について、気象予報がおこなわれたことは一度もないが、それでも人々は、極地というのはつねに太陽が照っている場所なのだと思いこんでいた。湿気のせいで気球が重くなり、徐々に下降しはじめる。初日の夜、二十一時四十三分にはもう、アンドレー、ストリンドベリ、フレンケルの一行はさらに重しの砂袋やブイを捨てざるをえなくなる。それでもまだ足りない。縄梯子用の棒を、さらにいくつもの砂袋を、バスケットのへりから下へ投げ捨てる。

北極をめざして飛びはじめた初日の夜、風が完全に止まる。エルネン号は、氷上四十メートルのところに浮かんだまま、濃霧に包まれて静止している。

翌朝、エルネン号の布でできた部分に加えて、ロープ、旗、帆、柳の枝を編んでつくったバスケット、すべてが光り輝く灰白色の殻に覆われている。氷の層だ。全体に霜が降りている。そして、気球はまたもやゆっくりと、それでいて情け容赦なく下降していく。十五時十五分、霜と湿気ですっかり重くなったエルネン号は、幾度となくドスン、ドスンと氷にぶつかるようになる。気球がふたたび浮上できるよう、三人は捨てられるものをかたっぱしから捨てていく——砂袋、重さ十六キロのロープ切断用はさみ、ロープ類、鉄製の錨。十七時ちょうど、一行は、探検隊が目的を達したしるしに北極点に落とす予定だった大きさ一メートルほどのブイを、ついに犠牲にする。何百キロもの重しを捨てる。それでも効果はない。気球は二分ごとに氷をたたいている。ドスン、ドスンという衝撃が激しすぎて、ニルス・ストリンドベリは嘔吐する。

ずっと太陽が照っているものと思いこんでいた。北極に霧や霜があるとは考えてもみなかった。パリの裁縫師が布を縫いあわせた気球の風船部分、その長さ十四キロメートルに及ぶ縫い目、ミシン針があけた八百万もの微細な穴から、水素ガスが徐々に漏れ出すなどということも、まったく予想していなかった。

わたしはスヴァールバル諸島に三回行った。三回とも、クヴィト島にはたどりつけなかった。まわりに流氷が多すぎたせいだ。三回とも、まったく同じ展開になった――まず、一年のうちで、たどりつける可能性がいちばん高い週はいつなのか、つきとめようと考える。あちこちに電話をかける。統計を調べる。それで、どうやら第三十一週がいいらしい、という結論に達する。いつも以上に働く。お金を貯める。いっしょに行ってくれる人を探す。いっしょに行ってくれる人が見つからない。スヴァールバル諸島を船でめぐるツアーを予約する。旅行代理店の人に、クヴィト島に行くと約束はできない、通常のルートからは大きくはずれているし、よほどのことがなければ行かない場所だ、と言われる。バスでアーランダ空港へ向かう。北ノルウェーへ飛ぶ。飛行機を乗り換える。スヴァールバル諸島の、雪に覆われた、ごつごつと尖った山々の上を飛ぶ。ロングイェールビーンに着陸する。バスで港へ向かう。埠頭に降り立ち、船に乗ろうとしたところで、今回はクヴィト島へは行かない、島までの海域が氷だらけで進めないから、と告げられる。船はスヴァールバル諸島の西岸をのんびりと進んでいく。そちら側にはたいてい氷がないのだ。陸地にホッキョクグマがいるのが見える。みんな満足している。わたし以外は。

北極海の湿気でじっとり湿った服を旅行鞄から取り出すのも三度目となったところで、わたしは考えた――これはもう、戦略を変えるしかなさそうだ。スウェーデン極地研究事務局への応募書類には、叢氷のただ中へ、できるかぎり奥深いところへ、陸地のいっさい見えないところへ行ってみたい、と書いた。極地研究事務局が手配する調査遠征にはかならず、芸術分野で働く人がひとり、無料で同行できることになっている。今回はわたしが行かせてもらえることになった。遠征は数か月に及び、砕氷船で北極海を横断する。戻る途中でクヴィト島を通る予定だ。

砕氷船が氷をかじりながら北極海を進んでいく。さくさくとは行かない。一キロメートルすら進まない日もある。船に乗っているのは百十人。北極海を横断する二千三百海里の旅だ。暗くなることはいっさいない。夜はなく、昼もない。空は氷と同じ色をしている。

一八九七年と変わらず、北極の地図はいまなお真っ白だ。というのも、ここにはなにもないから。船長室のチャートテーブルに積みあがっている海図もまったくの白紙で、めくってもめくっても空白しかない。水深を表す数字がちらほら見えるけれど、その数字はつねに四桁で、海底まで数千メートルあるのだとわかる。陸を離れて十三日、空は一度も目にしていないけれど、今夜は雲に覆われつくした灰白色の中、はるか遠く、水平線のあたりに、かみそりの刃のように細い、あざやかな黄色い光の筋が見える。まっすぐ進んでいるだけなのに、それでも北極に向かっているのだと思うと、ふしぎな感じだ。北へ向かっている、地球の頂点へ向かっている、という感覚がそもそもない。船は幅の広い氷の割れ目をたどって進む。船首の窓から前のほうに目をやると、ちょうどそのとき、海水のいちばん上の層が風につかまって凍りつき、固まるようすが見える。その瞬間が見えるのだ。わたしの船室の気温はプラス二十度。壁の向こうはマイナス二十・三度だ。風速十五メートル、体感温度はマイナス三十六度で、甲板に出ると首をすくめずにはいられない。風に屈してこうべを垂れる。わたしはこんな場所で生きていくようにはできていない。だれもそんなふうにはできていない。氷の奥へ進むにつれて、携帯電話の電波が徐々に弱くなり、画面に表示されるアンテナバーの本数が減っていく。わたしはもうすぐ、完全にいなくなる。

水曜日の夜。いや、木曜日か。もうさっぱりわからなくなっている。今夜はたぶんもう眠れないだろう。こんな光の中では眠くなりもしない。船はまたバックしている。時刻は夜の十一時四十分。砕氷船ががつがつと歯を立て、あざやかなターコイズブルーをした厚さ三メートルの氷がめくれてひっくりかえる。世界はこの船に始まり、この船に終わる。ちょうどいい大きさだ。食事が用意されている上階には二十秒、下階にある自分の船室には四十秒、ジムには十五秒で行けて、自分の時間をどう使うか、一日二十四時間、全部好きなように決められる。この船に乗っていると、これは一生忘れないだろうな、と思うことが一日に百回はある。渡り鳥の研究をしている教授、海洋化学の専門家、北スウェーデンから来たスポーツ刈りのヘリ操縦士、そんな面々といっしょに、『ヘイ・ヘイ・モニカ』「スウェーデンのバンド、ニック＆ザ・ファミリーの二〇〇四年のヒット曲」に合わせてエアロビクスをしたこと、船の揺れを受け流しながら動かなければならなかったこと、きっと一生忘れない。そして、思う――わたしたちはいま、だれも通ったことのない場所、北緯八十一度、ナンセン海盆の上で、厚さ何メートルもある氷を割って突き進む砕氷船の中で、こうしてぴょんぴょん跳びはねている。足の下には、深さ三千五百十四メートルの海。もしこの船から落ちたら、海底に達するまでに一時間かかる。水温はマイナス一・六度だ。

船は北緯八十二度に近づいている。もうすぐ、アンドレーが到達した最北点を越える。

4.

氷上

影の落ちない未踏の地

水という物質には、とてもめずらしい性質がある。固体のほうが軽いのだ。つまり、水が凍って氷になると、水よりも軽くなる。氷は水に浮く。北極の氷は、海底に沈むことなく、水面に浮かんでいる。エルネン号が不時着した場所の氷は厚さ三メートルだ。

計算では少なくとも三十日間、空中に浮かんでいられるはずだった。だが、六十五時間で旅は終わった。七月十四日の朝、ほんの三日弱飛んだだけで、もうこれ以上は飛びつづけられそうにない、とアンドレーは悟る。エルネン号は飛行能力を完全に失っている。アンドレーはロープを引いて気球の排気口を開け、水素ガスを排出する。北緯八十二度五十六分、ダンスク島の出発点から四百八十キロメートル離れたところに、アンドレー北極探検隊は不時着する。北極点までの道のりの三分の一も進んでいない。史上最北の地に到達した探検隊となることもかなわなかった。二年前、一八九五年の夏に、ノルウェーの極地探検家ナンセンとヨハンセンがスキーで北緯八十六度線を越えている。アンドレー探検隊の隊員たちはもちろん、このことをよく知っている。

絹の風船がゆっくりとしぼんで氷上に広がる。積みこまれた荷物の中に、そりが三台と、小さな手漕ぎボートを組みたてるための部品がある。そりは、アラスカかカナダ、あるいはロシアで、歓迎式典が行われる場所までの最後の道のり、陸上を移動しなければならなくなった場合に使うつもりだった。このそりやボートのことを、三人はそれまで〝非常用の備品〟と呼んでいて、念のため積んでおるだけのよぶんな装備、とくに気を配る必要のないものとしか思っていなかった。手漕ぎボートは、簡素な木枠にワニスを塗った絹布を張るだけのもので、広い海ではとても使いものにならない。そりのほうは、ダンスク島で出発前に試してみた時点で、滑走部に欠陥があることがわかっていた。修理はされないままだった。

簡素な手漕ぎボートを組みたてるための部品。木材を組んでひもで固定したそりが三台。いまの三人にはそれしかない。

八時十一分、アンドレー、ストリンドベリ、フレンケルは氷上に降り立つ。本人たちはまだ自覚していないが、すでに時間の感覚を失いはじめている。朝の八時なのか、夜の八時なのか、よくわかっていない。北極は一日じゅう、靄のような白い光に包まれているから。これから先も、ひっきりなしに夜と昼を混同するだろう。いま、三人は氷の上に立っている。どの方角を見ても、見わたすかぎり、なにもかもが白い。水平線はぼやけて空とまじりあっている。北極という地をほとんど知らない男が三人、真っ白な悪夢のただ中に放りだされている。

三人の居場所をだれも知らない。
体は影を落とさない。

伝書鳩を檻から放したところ

ニルス・ストリンドベリ
サロモン・アウグスト・アンドレー

一八九七年の五月と六月は、ここ三十年のスウェーデンでもっとも雨の少ない二か月だった。七月に入ると雨が降りだした。アンナは寄宿学校から夏休みをもらって、ストックホルム沖の群島の一角、ソールベリヤにあるストリンドベリ家の夏の別荘に身を寄せている。七月十七日、一家は郵便物を取りにボートでヴェーネーへ向かう。そのあと、親戚一同が居間に集まり、ニルス・ストリンドベリの父、卸売業者オッカ・ストリンドベリが、電報を読みあげる。

「キキユウホツキヨクヘトビタテリ」

アンナの頬が炎の色に染まる。彼女はだまりこくったまま座っている。涙がゆっくりと流れ落ちる。オッカは彼女をなぐさめ、ふたりはその瞬間、ともに決意を固める——心配するのは、一年が過ぎてからにしよう。今日から、一年。

自分がほんとうはどんなことを考えているか、オッカは口にしない。まるで息子の死亡通知を受け取ったようだ、などとは。

氷盤の上で　北緯八十二度三十八分七秒　東経二十九度四十分

心より愛するきみへ！

一週間もあいだを空けたのち、ふたたびこうしてペンを執り、きみと語らいあうにあたって、なによりもまず、今週のできごとできみを不安にさせ、悲しませたことを謝りたい。この一週間、幾度もそのことを思っては心を痛めてきた。しかし、その一方で、いまぼくはこうして来たるべき幸[redacted]の礎を築いているのだ、とも考えている。いずれ、ぼくが故国に戻り、きみとともに生きる喜びをふたたび味わえたなら、ぼくたちはかならずや、今般のできごとを幾度も思いかえしては幸せを噛みしめ、互いへの思いを強くするだろう。

わたしは何日か前から、船長が海図に記した、北極海を横断するこの船の航路を見つめている。真っ白な海図に、まるで赤い切り傷が走っているようだ。北緯八十二度五十六分にたどりついたところで、船長が砕氷船のエンジンを切る。眠気を誘う鈍い轟音が消えて、逆にはっと目が覚めたような心地がする。

船はいま、アンドレー、ストリンドベリ、フレンケルがエルネン号で氷上に不時着した、まさにその場所にいる。その場所に、わたしは立ちたい。

まず、ホッキョクグマを見張る係の人が、猟銃を持って梯子を降りる。そのあとに、わたしも船を降りることを許される。そして、いま、わたしは氷の上をまっすぐに歩きだす。氷はわたしの重みにびくともしない。すごい、ほんとうにびくともしない。割れそうな気配など微塵もない。乳白色の靄のようなものがあたりを満たしている。細かい粒のような雪が横なぐりに降っている。見わたすかぎり、なにもかもが白い。何歩か進んでみる。体は影を落とさない。雲の中を歩いているみたいだ。この真っ白な世界のどこかで、太陽が水平線の向こうに沈むことなく、ぐるり、ぐるりと完璧な軌道を描いてまわっている。わたしは手袋をはずす。表面の凍りついた雪に指をつっこんでみる。温かさも冷たさも感じない。わたしはそのまま動かずにいる。ためしに口に入れてみる。ひどくおかしな、甲高い声で、自分がこう言っているのが聞こえる――〝ふつうの雪とおんなじ味〟。あたりまえだ、いったいどんな味だと思っていたのだろう?

この海底のどこか、わたしの足の三千メートル下のどこかで、堆積物に埋もれて、かつて気球のバスケットだったものが眠っている。柳の枝を編んでつくった、北極探検家を三人乗せられるほど大きかったバスケット。

七月十八日の朝、三人が目覚めると、伝書鳩はすでに一羽残らず飛び去っていなくなっている。細かい、ほとんどそうとわからないほどの雨が、霧のように空気中を漂っている。これまでの四晩、三人は荷物に入っていた絹のテントを張り、並んで眠っていた。トナカイの毛皮でできた大きな寝袋に三人で入って、薄い床布の上にじかに寝ている。不時着した場所からまだ動いていない。気球の風船部分が空になり、平たく氷上に広がっているのが、まるで薄赤色の巨大な水たまりのようだ。

北極の地図がどんなものか、だれもが知っているいまとなっては、三人がいる地域には氷しかないと当然わかるわけだが、アンドレー、ストリンドベリ、フレンケルにとって、ここは完全なる未踏の地だ。不時着して以来、アンドレーは一日に何度も気球のバスケットによじのぼり、望遠鏡であらゆる方角に目を凝らしている。陸地を探している。山を。氷のない水域を。なにかを。

ひっそりとした小さな野営地で、三人は整然と作業を進める。三台のそりをロープでくくり、ボートを組みたて、エルネン号に積んできた何千キロもの荷物のうち、なにを運びだすかを決めて仕分ける。荷物の中には、山と積まれたアルミ缶やブリキ箱もあり、三人が三か月半は生き延びられる食料が入っている。ニルス・ストリンドベリが、食料や装備のくわしい目録を書き記す。ビスケット四種類、缶に入ったスポンジケーキ。イワシの缶詰。肉粉は、雪をとかした水とまぜれば粥になる。そりが重すぎては引いて歩けない。だが、氷上を歩き、生きて陸地にたどりつくには、じゅうぶんな量の必需品を持っていかなければならない。それからの一週間、三人は何度も荷造りをしなおす。慎重に荷物を選ぶ。

アンドレーはエルネン号の飛行能力を疑っていなかったが、それでも探検隊のためにあらかじめ、はるか南の陸地に、食料や医薬品、銃器、ウイスキーを入れた大きな木箱がいくつも用意されている。三人が越冬できるように。遭難した探検隊は、夏でなければ見つけてもらえない。九月には氷が張りはじめる。北極海全体が凍りつく。そうなったら救助船はもう進めない。最寄りの補給基地は、スピッツベルゲン諸島の最北部、七島群島にある。三人がいまいる場所から、三百二十キロメートル南へ行ったところだ。だが、三人はべつの道を選ぶ。フランツヨシフ諸島のフローラ岬に、もっと大きな補給基地があるのだ。フランツヨシフ諸島は、スピッツベルゲン諸島の東、北極海に浮かぶ群島で、二年前にナンセンとヨハンセンが越冬に成功した場所でもある。いまいる場所からは三百五十キロメートル離れている。

歩きだす時がやってきた。

愛してやまないぼくの婚約者へ！

まもなく夜の七時で、ぼくたちは運ぶ荷物をそりに積み終え、不[redacted]着した地点から出発しようとしている。さあ、徒行のはじまりだ。GMT[redacted]時。

フローラ岬までたどりつけるだろうか、引いて歩くそりは重い。さあ、出発だ……

けっしてやまない音の数々。さえぎるもののない空間に吹く極風。厚さ数メートルに及ぶ氷盤が割れ、砕けるときの鋭い軋り。三人はポケットにホイッスルを入れている。海に落ちて叫んでも、その声は相手に届かないだろうから。

最初の野営地にて。

さて、愛する人よ、きみのニルスは今日、北極の氷の上を歩くというのがどういうことかを知ったよ。出発の際にちょっとした不運があった。それまで乗っていた氷盤から、一台目のそりを引いて[redacted]渡ろうとしたところで、そりがななめになって水に浸かってしまったのだ。元に戻すのにずいぶん難儀した。ぼくはひざまで水に浸かり、そのそりが沈まないよう持ちあげていた。アンドレーとフレンケルがもう片方の氷盤に移り、ようやくそりを引きあげることができた。しかし、このそりに載せていたぼくの荷物袋は、中のほうまで濡れていることだろう。きみの手紙や写真が全部入っている袋なのだが。ぼくはこの冬は、これがぼくにとってなにより大事な宝となるだろう。ああ、愛する人よ、きみはこの冬、どんなことを考えて過ごすのか。それだけが心配だ。

そりの重さはそれぞれ二百キロ。ひとりで引いて歩ける重さではない。わずか三時間で、三人は早くも戦術を変えざるをえなくなり、そりを一台ずつ移動させようと考える。三人で力を合わせ、まず一台を百メートルほど先へ動かす。元の場所に戻り、次のそりを同じように動かす。それから、次。こうして、陸地へ戻る道のりが五倍の長さになる。

四日間、そりを引いて歩きつづけたのち、三人は荷物を整理し、かなりの装備を氷上に置き去りにする。それでもどういうわけか、一見したところ無駄としか思えない、荷物を重くして歩みを遅らせるだけの品々を、たくさん捨てずにとっておく。そりの重さはそれぞれ六十キロ近く減ったが、フレンケルはそれでも、A・G・ナトホルストによる『地球の歴史』など、事典のたぐいを何冊も引きずって歩いている。加えて、三人は次の品々がいずれ必要になると考えていたらしい――画鋲、クラバットタイ、白い縞模様の入ったピンクの絹スカーフ。ヘムステッチの入った白い木綿の、大きなフリンジ付きテーブルクロス。真鍮製の四爪錨。南京錠と、付属の鍵。ポートワインやシャンパン数瓶。

空中からはなめらかに見えた氷だが、実際はまったくちがっている。アンドレー、ストリンドベリ、フレンケルは交代しながら、斧とシャベルで氷をたたく。こうして、そりがすべれるよう道をつけてやらなければ、そもそも先に進めない。氷はつねにぶつかりあい、押しあい、何メートルもの高さに盛りあがったり、逆に亀裂をつくったりする。真っ白な世界に、大きな割れ目がいきなり現れ、青黒く輝く北極海がぱくりと口を開ける。海の深さは数千メートルだ。

靄のかかった果てしない氷の世界で、極小の紺色の点のような男が三人、あまりに重すぎるそりを引いて、氷の畝を乗りこえ、割れ目を渡り、氷盤を歩く。ストリンドベリは〝非導電物質を少量加えた溶液の導電性について〟という論文で賞をとったことがある。フレンケルには鉄道敷設についての専門知識がある。アンドレーは、ストックホルムの失業対策として〝地下鉄《サブウェイ》〟を建設する件について、熱のこもった提案書を書いて市議会に出した経験がある。いま必要とされている唯一の分野、どうすれば北極で生き延びられるかについては、探検隊のだれも知識を持ちあわせていない。氷河学、海洋生物学、海洋化学にも通じていない。にもかかわらず、不時着した現場にいたときから、三人は氷の中から手あたりしだいに、あらゆる標本を集めはじめている。

氷の塊に入っていた藻類、とけた氷の水たまりで見つけた藻類を、包帯にくるんで梱包する。泥や棒切れも集める。土の粒の大きさを測り、日誌に書きとめる。カモメの雛を撃ち落とすと、目をえぐり出して包みに入れる。将来、知識のあるだれかがこれを調べて、カモメが雪盲にならない理由をつきとめられるように。測量をし、スケッチをする。数字をずらりと、まっすぐ、ていねいにノートに記す。計算し、計算しなおす。なんの意味もなさそうな細部にしがみついている。途方もなく綿密な調査だ。れっきとした、それでいて、ごっこ遊びのような調査。

Andrées Polarexped

氷というのは、じつはまったく白くない。北をめざして進み、緯度線をひとつ越えるたびに、氷の色は光とともに変わっていく。わたしは毎朝、船室の窓から外に目を向け、〝今日の色〟を決める。氷の色にできるだけ近い色見本を選んで、それをプリンターで印刷する。* 叢氷を割って突き進む砕氷船は、いつもがたがた揺れているので、船室にあるものは全部、ひっくりかえってすべって床に落ちないようゴムバンドで固定してある。でも、色見本を印刷するときには、プリンターをはずして両腕に抱えていなければならない。そうして船の揺れを受け流さないと、変なピンクの線が紙全体に印刷されてしまう。わたしは慎重に色を選ぶ。窓の外の色と見くらべる。A3用紙がばさりと床に落ちるまでプリンターを抱え、そうして毎日、毎日、色見本を壁に貼りつけていく。色を替え、改善する。なんの意味もなさそうな細部にしがみついている。途方もなく綿密な調査だ。れっきとした、それでいて、ごっこ遊びのような調査。

＊（うら見返し右図版参照）

色にはそれぞれの波長がある。青い光の波長がいちばん短く、赤い光の波長がいちばん長い。北緯八十四度線で氷がターコイズブルーに見えるとしたら、それは氷がターコイズブルーの光波を吸収していないからだ。ターコイズブルーに見える氷は、ターコイズブルー以外のあらゆる色を吸収している。つまり、氷のほんとうの色は、人間に見える色とはちがう。人間に見えないすべての色を、氷は内包している。

でも、ほんとうは、それだってどうでもいいことなのかもしれない。色は自然界に内在しない。色というのは、物体そのものの中にあるわけではなく、見る側の脳の中でかたちづくられるものだ。だれかがその物体の前に立って、それを見ないかぎり、色は生まれない。わたしはいま、じっくり慎重に選びぬいた色見本で、船室の壁を埋めつくしている。でも、わたしがここからいなくなったとたん、すべてが消えてなくなる。

七月二十四日。アンナの二十六歳の誕生日祝いは雨雲の下でおこなわれる。彼女はストリンドベリ家の人々と連れだって野いちごを摘み、ヨットで出かける。ダンスク島へ連れていかれた伝書鳩のうち、何羽かは気球に乗せられることなく残った。そのうちの一羽が、針金を編んだ檻に入れられて、アンナへの誕生日プレゼントとなる。一家はソールベリヤの別荘の玄関ポーチで鳩を飼うことにする。アンナは鳩をラクメと名づける。ニルスと彼女の大好きなオペラの名前。ふたりの思い出の曲だ。

一家は並んで写真を撮る。誕生日を迎えた本人の思いは、どこか遠くをさまよっている。

アンナ・シャーリエ
ニルスの父、オッカ・ストリンドベリ

最愛の人よ!

十時間にわたってそりを引いたのち、ついさきほど歩みを止め、今日はここまでと決めたところだ。心底疲れているが、いとしいきみとの語らいをおろそかにはできない。なによりもまず、おめでとうと言わせてほしい。今日はきみの誕生日だ。ああ、ぼくは絶好調だと、きみに知らせることができたらどんなにいいか。なにひとつ心配することはない。いずれかならず帰れる。

ニルス・ストリンドベリは計算する。計算しなおす。それでも数字は合っている。八月二日、位置を測定した彼は、足下の氷が、自分たちが南へ歩くよりも速く北へ漂流していることに気づく。上に乗っていると気づかないが、氷塊はつねに動いているのだ。氷は流されている。ここ数日、三人は起きているあいだずっと、そりを引いて歩いていた。一日あたり十時間以上だ。にもかかわらず、前進できていない。むしろ後退している。

この時点で、ニルスはアンナに宛てて書くのをやめる。

三人は進路を変えようと決める。このままではフランツヨシフ諸島にたどりつく前に極夜が来てしまう。代わりに、七島群島に用意された補給基地をめざす。いったい何度、足をすべらせてそりとともに水中に落ちたか、もうわからなくなっている。七島群島までの距離は二百二十キロメートル。六、七週間後には補給基地に到着できるだろう、と三人は期待する。

六週間後、三人は目的地である七島群島に、二十二・五キロメートルしか近づいていない。

男が三人、氷塊の上で悪戦苦闘している。ニルス・ストリンドベリは気球に乗っていたころからすでに足が冷えていたが、替えの靴として唯一持参したスポーツ用ブーツのほうが、もっと寒い。氷の割れ目や水たまりに、ひっきりなしにはまっている。ブーツには保温用の干し草が詰まっているが、それもすっかりびしょ濡れで、水浸しになった革と湿った毛糸の靴下を隔てる役目など、もはやまったく果たしていない。彼が身につけている服は、イェーガー［イギリスの衣料品ブランド］やヴィードフォシュ［スウェーデンの狩猟・アウトドア用品店］で買い求めた、洒落た新品で、人を寄せつけない叢氷の百メートル上空を気球のバスケットに乗って優雅に飛ぶのであれば、ぴったりの服装だ。紺色のひざ下丈のスポーツ用ズボンに、機械編みでつくられた白黒チェックの分厚い長靴下、ズボンに合わせてコーディネートしたベスト。注文仕立ての狩猟用ウールジャケットは、ポケットの蓋《フラップ》のつき方が左右非対称で、サテンの裏地には格子柄や縞模様が入っている。ポケットの中の財布には、イノシシをかたどった小さな銀のチャーム［ペンダントなどのアクセサリーにつける飾り］がしまってある。ほかには、ボタンがひとつ。計三クローナ五エーレの小銭。さらに、二枚重ねてはいている薄手のズボン下には、どちらもクロスステッチでNSとイニシャルが入っている。ウールセーターの赤い縞模様は、灰褐色の油汚れに覆われて消えかけている。湿った服を着たまま眠り、朝になって目を覚ますと、服は霜が降りて硬くなっている。アザラシやホッキョクグマの肉や内臓を扱っているせいで、ジャケットの袖口は血と脂まみれだ。彼は一日じゅう、同じ服を着ている。

ニルス・ストリンドベリは、氷塊の上で悪戦苦闘している。金色のハート型をしたロケットペンダントを首からかけている。ロケットの中には、アンナの写真と、彼女の髪の房を丸めたものが入っている。今日は九月四日、金曜日。ニルスの二十五歳の誕生日だ。

三人はある方向へ歩く。足下の氷が、
正反対の方向へ流れていく。

九月に入ると、薄氷まじりの海水が三人を迎える。北極の夏はもうすぐ終わる。氷盤を隔てる海水が凍りはじめているが、その氷盤が同時に漂流しているせいで、新しく張った氷もあちこちへ引っぱられ、半ば固まっているだけの白い塊になる。人ひとりの重みに耐えられるとはかぎらない。歩くのをやめて、帆布の小さなボートで進もうとしても、氷まじりの海水にオールをとられて動けなくなってしまう。三人は氷の風景の中、自分たちの重みで沈むことのない道をひたすら探す。零度の水にひざまで浸かって歩く日もある。夜、テントの中でブーツや靴下を脱ぐと、足は水ぶくれだらけになっている。九月八日、三人は五時間にわたってそりを引きずって歩く。この五時間で進んだ距離は千メートルだ。次の日、フレンケルは足があまりに痛すぎて、自分のそりを引いて歩くことができない。

これまでは白夜で、一日じゅう明るい中を歩いていたが、夜がだんだん暗くなってきている。太陽が水平線の向こうへ姿を消すようになった。極夜が始まる前にどこかの補給基地へたどりつくのはとても無理だ、と三人は悟る。フレンケルもストリンドベリも足の痛みがひどく、歩きつづけることはできそうにない。三人は、いまいる氷盤の上、漂流する叢氷のただ中で、越冬のため氷の小屋をつくりはじめる。ほかに選択肢はない。

探検隊が生きて春を迎えるには、嵐が来る前に避難場所を確保すること、春まで食料がもつこと、そのふたつが絶対条件だ。三人は固形の食料を制限しようとする。〝いまや水浸しのパン、ひとり一日あたり七十五グラム〟、これは雪どけ水とともにガラス瓶に入れて保管してある。〝メリンズ・フード、二百グラム〟、これは薄粥をつくる粉だ。徒行のあいだにホッキョクグマを何頭か仕留めたものの、新鮮な肉はそろそろ底を尽きる。九月十五日、ついにアザラシを仕留めた三人は、アザラシの肉だけでなく、脳、肝臓、腎臓、肺、腸、胃、胃の中身、なにもかも食べる。胃の中身といっても、入っていたのは甲殻類の殻ばかりだ。夜になると、野営地にホッキョクグマがやってくる。解体されたアザラシの肉のにおいがするから。

九月末、氷の小屋はまだ完成していないが、それでも三人はホッキョクグマから身を守るため、荷物をすべて小屋に引っぱりこみ、中で眠る。小屋のことは〝家〟と呼んでいる。中で過ごしはじめた三晩目、三人は朝の五時半に、氷の音が変化したことで目を覚ます。はじめはくぐもった地鳴りのようだった。それがふくらんですさまじい轟音になる。薄く青みがかった、塩辛い、凍てつくような冷水が、小屋の中まで流れこんでくる。三人のいる氷盤が突如、まっぷたつに割れたのだ。

潮の流れに乗ってゆっくりと南へ漂う氷盤に、男が三人。その脇に、二週間かけてつくったのに、割れて崩れて住めなくなった、氷の小屋の残骸。気温が下がっていく。北極に秋はなく、夏の最後の日が終わったら、たちまち冬へ直行だ。もうすぐ嵐がやってくる。漂流して南下すればするほど、周囲に動物が増えてくる。三人はここ十二日のあいだに、ワモンアザラシを四頭、アゴヒゲアザラシを一頭、ホッキョクグマを二頭仕留めている。これで少なくとも四月末までは食料が足りそうだ。アンドレーがいつものとおり、望遠鏡であたりを見まわしていると、ふと、はるか遠く、水平線のあたりに、なにかが見える。氷と空を隔てる線が変化している。島だ。

クヴィト島

三人が乗っている氷盤は、島周辺の潮流につかまったようだ。漂流しながら近づいていくと、島はたったひとつの氷の塊でできているように見える。巨大な氷河が、海から垂直にそそりたっている。上陸するのはとても無理だ。この島は、三人の真っ白な地図に載っていない。アンドレーは、〝ニュー・アイスランド〟という島の話を聞いたことがある、これがそうにちがいない、と主張する。ストリンドベリとフレンケルはこの島を〝ホワイト・アイランド〟と呼ぶ。現代の地図には、白い島、クヴィト島と記されている。

5.

消息不明

なにもわからず残された人々

一年。アンナとオッカ・ストリンドベリは、心配するのは一年が過ぎてからにしよう、と決めていた。探検隊がどうなったかについて、新たな噂が次から次へと舞いこんでくる。英国ベッドフォードの芝生で、伝書鳩が地面をついばんでいた。スピッツベルゲン島の洞窟から、おぞましい叫び声が聞こえてきた。北シベリアの小屋で遺体が三体見つかり、うち一体は頭蓋骨が陥没していた。どれも噂にすぎなかった。

一八九八年七月、気球が離陸して一周年。これで最初の一年が過ぎた。オッカ・ストリンドベリと、ニルスの弟トーレは、ヴァルハラ通り十五番地の角部屋を引き払う。新しい住まいに、アンナも引っ越してくる。

一八九八年の住民登録簿に、ニルスはまだ一家の子息として名を連ねている。だが、書いてあることの語調は、年を経るにつれて変わっていく。誇らしげな〝ニルス・ストリンドベリ、学生、アンドレー北極探検隊に参加〟から、〝ニルス・ストリンドベリ、登録時不在〟へ。一九〇六年には突如、こう記される――〝ニルス・ストリンドベリ（おそらく死亡）〟

地球儀で考えると、わたしたちの船はいま、そのいちばん上、中の電球を取り出すときにはずす丸いプラスチックの蓋の下にいる。実際、そんな感じもする。夜、船室の窓の外を見ると、まだ白く光ってはいるけれど、だれかが調光つまみをまわして暗くしたようでもある。あと緯度〇・五度で、北極点に到達する。距離にすると百キロメートルにも満たない。ストックホルムからニューシェーピンへ行くようなものだ。北極点は、あらゆる時刻を同時に迎える。極点のまわりを時計回りに小さくまわったら、一周するごとに日付変更線がやってきて、それを越えれば、一日前にぽんと戻れる。やってみるのが楽しみだ。

あと〇・五度。たぶん明日にはたどりつける。でも、その前に、巨大な〝MADE IN TAIWAN〟の文字のそばを通り、巨大なねじと、電球につながるコードのそばを抜けていくことになる。

北極点

　なんとも奇妙な心地がするが、次のきみの誕生日にすら帰れそうにない。場合によっては次の冬もここで越さなければならなくなる。まだわからない。進みが遅いため、ともすれば冬までにフローラ岬にはたどりつけないかもしれず、ナンセンのように穴を掘って越冬することになりそうだ。かわいそうなアンナ、ぼくたちが来年の秋も帰らなかったら、きみはどんなにか悲しむことだろう。だがそして、そのことを思うと、ぼくも苦しいのだ。自分の身を案じているのではない。いまとなってはもう、どんな苦難もかまわないと思える。いつの日か、故郷に戻って、きみの愛という陽だまりで暖をとる幸福を味わえるのなら。

探検隊が消息を絶ってから十年近くが経ったところで、ニルス・ストリンドベリの死亡が宣言される。二年後、アンナは三十八歳のイギリス人、フランス語教師のギルバート・ホートリーと結婚する。夫妻はアメリカ合衆国へ移り住む。子どもはない。ニューハンプシャー州の夫妻の家では、寝室の棚に鳩の剥製が置いてある。右の翼の下面に捺印された〝ANDREE〟の文字が、まだ読める。

アンナはピアノ教師だ。演奏活動もしている。だが、体が震えるようになってきた。故国にいるニルス・ストリンドベリの家族に宛てて、手紙にこう書く――〝文字が読みにくくてごめんなさい、両手でペンを持たないと書けないのです〟

アンナはコンサート・ピアニストだ。が、

彼女の手の震えは止まらない。

6.

発見

偶然見つかった探検隊、
わたしの探索は新たな段階へ

わたしは北極から帰ってきたところだ。クヴィト島には結局たどりつけなかった。今回も。それで、手持ちの本を読みかえす。博物館へ、また行く。子どもたちの学校が始まると同時に、わたしも学校に行きはじめる。大学の医学部。こうして、探検隊の奥深くへ入りこむ新たな道が開けてきた。医学的な見地から死因に迫ることができるようになったのだ。中途半端になっていることをちゃんと終わらせよう、とあらためて思う。法医学者から、病理学者から、欠乏症や中毒、凍傷の専門家から話を聞く。感染症の症状について、凍傷について学ぶ。そうしてわたしは原資料に立ちかえり、ほかの研究者たちがなにか見落としていないか確かめる。ぼろぼろの日誌に入りこまなければならない。三人の服の内ポケットにもぐりこまなければならない。三人の細胞へ、細胞核へ、ＤＮＡの二重らせんへ分け入らなければならない。

一九三〇年。エルネン号がダンスク島を飛びたってから、三十三年。アンドレー探検隊が消息を絶ったころに若かった人たちは、もう年老いている。いまの若い人たちは、探検隊のことを知らない。

発見はまったくの偶然だった。捜索はとうの昔に打ち切られている。クヴィト島は、スヴァールバル諸島の北東、深緑色をした北極海に浮かぶひとすじの光のような島だ。わざわざ行こうと考える人はまずいない。そばを通る数少ない船も、つねに流氷に囲まれているこの島に近づくことはできず、距離を保ったまま通り過ぎていく。ところが、一九三〇年の夏はいつもとちがっている。まれにみる暑さで、八月六日、ブラトヴォーグ号という船が島の南側を通る。乗っているのは科学者の一団、フランツヨシフ諸島へ向かう遠征隊だ。ノルウェー人の地質学者、グンナル・ホーンが隊を率いている。遠征費用を節約するため、猟師たちと船を共用していて、その猟師たちは移動しがてら、島々の海岸でセイウチやアザラシを狩るつもりでいる。この一行がクヴィト島に近づいたところで、ふっと霧が薄れる。島のまわりの海が凪いでいる。氷は見当たらない。めずらしいことに、どうやら上陸できそうだ。

オーラヴ・サーレンとカール・トゥースヴィークは猟師だ。年齢はそれぞれ十八歳と二十三歳。アンドレー探検隊については聞いたこともない。年長の猟師たちが波打ちぎわで、仕留めたばかりのセイウチの皮を剥いでいるあいだ、オーラヴとカールはどこかに真水がないかと、クヴィト島の茶灰色をした石の海岸を奥へ進んでいく。ふと、砂の中でなにかがきらりと光る。北極海の中でもとくに上陸の難しい島に、人間の文明のしるしがある。金属でできたなにかの蓋だ。この思いがけない発見を受けて、ふたりはあたりに目を凝らしはじめる。さらに奥、氷河のあるほうで、白い雪を背景に、なにやら黒っぽいもののシルエットが見える。近寄ってみると、それは壊れて半ば氷に埋もれた手漕ぎボートの残骸だ。ボートはそりにくくりつけてあり、装備を満載したまま凍結している。興奮したふたりの叫び声が風の音をつらぬき、波打ちぎわにいた猟師たちが作業の手を止める。ブラトヴォーグ号の船長、ペーデル・エリアッセンが、砂の上を走って島の奥へ向かう。手漕ぎボートにたどりつき、残骸のいちばん上に載っていた鉤竿を手に取る。こすって氷を落としてみると、彫りこまれた文字が読める――〝アンドレー北極探検隊、一八九六〟。ペーデル・エリアッセンは、アンドレー探検隊のことを覚えている世代の人間だ。

船で待っていた科学者たちが急遽呼ばれ、陸に上がるよう求められる。場を取り仕切りはじめたグンナル・ホーンは、一帯を写真におさめるまでなににも触れるな、と指示する。壊れた手漕ぎボートの見つかった場所から、さらに何メートルか奥へ進むと、もう一台、半ば氷に埋もれたそりが見つかる。こちらはほとんど空で、凍って滑走部にくっついた靴下ぐらいしか見当たらない。急にペーデル・エリアッセンが悲鳴をあげる。あやうく人骨を踏むところだったのだ。そりやボートのある場所の上、少し高くなったところにある平らな岩場で、サロモン・アウグスト・アンドレーの遺体が見つかる。岩に上半身をあずけ、両脚を前に伸ばして座っているようだ。そこから三十歩離れたところで、もうひとりの亡骸が見つかる。ニルス・ストリンドベリが、岩と岩のあいだの狭いすきまに、気をつけの姿勢で横たわっている。彼の遺体はたくさんの石に覆われている。ブラトヴォーグ号の猟師たちがみな協力しあって、分厚い氷からふたりの遺体をなんとか掘り出す。遺体は、そりやボート、数百もの物品とともに、船へ運ばれる。一行は三人目の隊員を探す。だが、クヌート・フレンケルは見つからない。

グンナル・ホーン率いる遠征隊はそのあと、本来の目的を果たすべく旅を続ける。翌日には早くもクヴィト島を離れるが、フランツヨシフ諸島での仕事を終えたらすぐにここへ戻ってこよう、とホーンは決めている。硬く凍結した氷の層の下に、埋もれているものがもっとあるかもしれない。だが、三週間後に戻ったときには、クヴィト島に上陸できずに終わる。島周辺の波が高すぎ、浅瀬だらけで座礁しかねない。双眼鏡で海岸に目を凝らすと、ホッキョクグマが一頭、野営地跡を行ったり来たりしているのが見える。

アンドレー探検隊、クヴィト島で発見さる、との驚くべきニュースが広まると、とあるスウェーデン人のフリー記者が、みずから船を借りて海上でグンナル・ホーン遠征隊に会い、一番乗りで独占インタビューを決行しようと考えた。彼の名は、クヌート・ストゥッベンドルフ。とはいえ、同じことを思いついた記者はほかにもいた。ライバルに先を越されそうだと悟ったストゥッベンドルフは、代わりに自力でクヴィト島まで行ってみることにする。故障していないエンジンはひとつだけ、無線通信の調子も悪く、乗組員たちは不本意そのものという状況で、イースビョルン［「ホッキョクグマ」の意］号は九日間にわたって大海原を航海する。そうしてクヴィト島にたどりついてみると、なんと周辺の海に流氷が見当たらない。これがどんなに幸運なことか、ストゥッベンドルフ本人にはいまひとつわかっていないようだ。アンドレー探検隊が見つかった石の海岸に上陸した一行は、威嚇射撃にもひるまなかったホッキョクグマを三頭、射殺せざるをえなくなる。

ホーン遠征隊がここを訪れたのは一か月前だ。以来、さらにたくさんの物品が、とけた氷の層から姿を現している。雪が消えて、代わりに動物や人間の骨、手袋、ウールのセーター、壊れた缶、十九世紀の科学計器の入った木箱があらわになっている。さらに、人間の頭蓋骨がひとつ。三台目のそりも現れ、荷物が周辺に散らばっているのがわかる。ストゥッベンドルフが連れてきた写真家によって、まず現場のようすが記録され、それから品々を集める作業が始まる。野営地を掘りかえそうと、氷の層に先のとがった棒を突きたてたところで、氷の層がいきなり崩れる。クヌート・フレンケルの頭蓋骨に棒が命中し、貫通してしまったのだ。フレンケルの遺体を氷から掘り出す作業は、かなりの重労働だ。危険な距離まで近づいてきたホッキョクグマを、さらに四頭撃つはめになる。三日後、ストゥッベンドルフの船はクヴィトヤ島を離れざるをえなくなる。風向きが変わって、クヴィト島の周辺に流氷が集まりはじめ、抜けることのできない白い塊となりつつあったからだ。

氷に覆われていたアンドレー、ストリンドベリ、フレンケルの亡骸は、三十三年ぶりに文明社会へ戻される。三人が持参した装備も、故国へ送りかえされる。数か月にわたって氷の上を運ばれ、スヴァールバル諸島の中でもとりわけ遠く離れた島で、一八九七年以来ずっと凍りついていた、何百もの物品。探検のようすがびっしりと記され、三人が氷盤に乗ったまま、潮の流れに乗ってこの氷河の島を一周したのち、上陸可能な唯一の場所、島の南端の海岸にたどりついたことが読みとれる日誌。滑走部の片方が折れ、ひもで修理されている、ニルス・ストリンドベリのそり。一八九七年八月二十九日に氷上で結ばれたひもは、いまもまだほどけていない。錠剤をガラス管に入れて整理してある薬箱。氷上を歩いているあいだに撮影された写真、九十三枚のフィルムロール。露光のたびに三脚に載せてやらなければならない、重さ七キロのカメラ。霜の層に覆われた、ニルス・ストリンドベリの手帳。開いてみると、出発前に二十四歳の若者がストックホルムで送っていた生活のようすが、ページから浮かびあがってくる――〝アンナから手紙をもらって、返事を書いた。自分で言うのもなんだが、ほがらかな、感じのよい手紙になったと思う〟。出費を書きつけた欄もある――〝スキー滑走についての本、〇・三〇クローナ。〈オプリス〉［王立歌劇場のレストラン〈オペラシェラレン〉の愛称］での夕食、二・九〇クローナ。貧しい人への施し、〇・〇五クローナ。たしか九日だったと思うが、うちの玄関に電話が取りつけられて、以来、毎日アンナと電話で話している〟。刺繍の入った手ぬぐい。イニシャルの入った毛糸の靴下。ニルス・ストリンドベリが弟からもらった誕生日カード。〝兄さんの誕生日、九月四日に開けてください〟。ニルスがこれをどこで読むことになるか、知る由もなかった少年が書いたものだ。

凍りついた時間。石の下に、墓の中に、押しこまれた婚約指輪。

1．ボウル
2．プリムス・ストーブとマグカップ
3．アンドレーの上腕骨
写真中央：繊維に覆われたアンドレーの遺体
雪の下：アンドレーの脚、ひざから下

アンドレーの骨盤と脊椎

ストリンドベリの荷物かご。アンナからの手紙

王立図書館の地上階から、階段を四階分下りたところに、一七八七年以後に発行されたスウェーデンの日刊紙をすべて集めたマイクロフィルム資料庫がある。寒いのでブランケットを借りることもでき、それにくるまって暗い中でマイクロフィルムリーダーを操り、フィルムのロールを閲覧する。わたしはフィルムを先へ送り、読む。先へ送り、読む。ブランケットにくるまっているのに、やっぱり寒い。一九三〇年、最初に野営地跡を見つけた人たちの証言に目を通してみると、いったいなにがあったのかについて、意見が大きく分かれているのがわかる。

「アンドレーとその同志たちは、クヴィト島に、またはその付近に気球で着陸したにちがいない、との印象を受ける。不要な品も含むこれほど大量の荷物を運びつつ、叢氷の上で長い距離を移動できたとは考えにくいからだ。加えて、解体用ナイフの跡のあるホッキョクグマの毛皮が少なくとも二頭分、ほかにも動物の残骸が大量に見つかったことから、アンドレーはわりあい長いあいだクヴィト島で生存していたのだろうと推測できる。最後に、動物の残骸が大量にあったこと、未開封の缶詰もあったことから、飢えが理由で死亡したのではないとわかる。野営地の配置には非の打ちどころがなく、食料の備蓄を置く場所がきちんと確保されており、寝泊りする場所も決まっていて、動物の残骸はその外にあった」

クヌート・ストゥッベンドルフ『ダーゲンス・ニューへーテル』紙、一九三〇年九月七日

「食料の保管場所はとくに決まっていなかったようです。動物が野営地を散らかしたように見えましたが、もともと整理されていなかった可能性もあります」

ペーテル・ヴェッセル・サプフェ（ストゥッベンドルフ遠征隊に同行）

トロムソ市裁判所、一九三〇年九月十八日

「発見時の遺体のようすを考えると、三人は疲労と低体温症で亡くなったのだろうと推論できます。嵐から身を守る避難場所を建てる間もなく力尽きたのです。上陸したのち長いこと生き延びたとは考えにくい。おそらくほんの数日、ひょっとするとわずか数時間だったかもしれません」

グンナル・ホーン『ダーゲンス・ニューヘーテル』紙、一九三〇年九月二日

「装備は豊富にあったので、低体温症による死亡とは考えにくいでしょう。隊はじゅうぶんな数の弾薬や銃を持参しており、食料も足りていました。三人が壊血病の犠牲になった可能性もありますが、この推測は、缶詰も新鮮な肉もあって食事の偏りを避けることができた事実と矛盾します」

アドルフ・ホーエル（グンナル・ホーンの上司にあたる）『ダーゲンス・ニューヘーテル』紙、一九三〇年九月八日

「野営地は申し分なく整理されているように見えました。アンドレー隊はおそらく、急に襲ってきた災禍、たとえば猛吹雪などの犠牲となったのでしょう」

グンナル・ホーン『スヴェンスカ・ダーグブラーデット』紙、一九三〇年九月八日

「手は、手袋なしのまま、こぶし状に握られていた。その握り方は、北極に暮らす人々によれば、凍死した人によくみられるという」

クヌート・ストゥッベンドルフ（フレンケルについて）『ダーゲンス・ニューヘーテル』紙、一九三〇年九月十八日

「三人が壊血病の犠牲になったとすると奇妙ではありますが、この悲劇にほかの説明はつきません」

地区医師、バットラン・デューブヴァド＝ホルムボー
『ダーゲンス・ニューヘーテル』紙、一九三〇年九月八日

「考えられる仮説のひとつは、あくまでも仮説ですが、［ストリンドベリが死亡したあとに］残された隊員たちが、缶詰の食料で中毒を起こしたというものです。そうだとすれば、フレンケルが先に亡くなり、そのあとにアンドレーが亡くなったと考えられます」

アドルフ・ホーエル『スヴェンスカ・ダーグブラーデット』紙、一九三〇年九月八日

「フレンケルとアンドレーがほぼ同時に亡くなったとも断言はできません。たとえば、ここトロムソに住むビョルヴィークという老人は、死人とともに越冬したことがあります。うつ状態に陥らないよう、死人と会話を続けていたそうです」

アドルフ・ホーエル『ダーゲンス・ニューヘーテル』紙、一九三〇年九月十九日

アンナ・ホートリー、旧姓シャーリエ。いまの彼女は五十九歳、イギリス在住だ。もう二十年以上、外国暮らしが続いている。そんな彼女が、スウェーデンに一時帰国し、ニルス・ストリンドベリのいとこ宅を訪ねているときに、アンドレー探検隊発見のニュースが飛びこんでくる。

死者たちは盛大に迎えられた。隊員たちの亡骸を入れた棺は、トロムソを経由したのち、ノルウェーとスウェーデンの沿岸をたどってストックホルムへ運ばれる。船は途中、すべての港町にもれなく立ち寄り、そのたびに単発航空機が低空飛行して船を護衛しつつ、空中から海に弔いの花輪を投げる。弔砲が放たれる。子どもも大人も好奇心にかられ、双眼鏡を持って埠頭に群がる。そうしてついに、雨のふりしきるストックホルム、シェップスホルメン島で、遺骨の入った棺が国王グスタフ五世に迎えられ、スウェーデンの地に戻ってくる。ストックホルムの教会の鐘がひとつ残らず鳴りひびき、棺台が三つ、馬に曳かれて街中を運ばれていく。そのあとに長い葬列が続く。シルクハットをかぶった男たち、喪服をまといベールで顔を隠した女たちが、雨に濡れた石畳の道をたどって、ゆっくりと大聖堂へ向かう。そのようすを、何万人もが注視する。国全体が喪に服している。

アンナは葬儀に出ることなく、夫のいるイギリスへ帰っていく。大聖堂に置かれた棺を埋めつくす何百もの花輪の中に、ひとつだけ、やけに質素なリボンのついた花輪がある。白いリボンに、金色の文字――〝ニルスへ、アンナより〟。ほかになんと書けただろう？　彼女はもう、べつの人の妻なのだ。

（その後）ぼくたちはいま、今夜の野営地に落ち着き、コーヒーを飲んでチーズを載せたパンとビスそれからビスケットとシロップ水と。アンドレーはテントを張っているところで、フレンケルは気測をしている。先刻フレンケキャラメルをくれたのだが、これがじつに美味かった。まあ、ここでは選り好みをしている場合でもないからね。昨晩はぼくが（そう、ぼくが家事を引き受けているのだ）スープを出したのだが、これはどう贔屓目に見ても美味いものではなかった。例の中ソールソー印の肉粉はかなりまずく、すぐに食べ飽きてしまう。それでも、まあ食べられないことはなかった。

というわけで、ぼくたちは今夜、このひらけた場所に泊まることにしたわけだが、まわりは氷ばかり、どちらを見ても氷ばかりだ。ここの氷がどういうものかは、きみも見たナンセンの写真で見たことがあるだろう。重なりあった氷の丘、割れ目、氷原、それらがかわるがわる、延々と続いている。いまはほんの少しだけ雪が降っているが、少なくとも天候は穏やかで、さして寒くもない（マイナス〇・八度）。ストックホルムはもっと気持ちのいい夏の天気だろうね。

アンドレーはスウェーデン火葬協会に所属していた。スウェーデンにも火葬を導入すべきとして働きかけをおこなう、急進的な団体だ。葬儀のあと、彼の亡骸は燃やされた。ストリンドベリとフレンケルが火葬についてどう考えていたかはだれも知らないが、彼らの棺も同時に焼かれた。アンドレー探検隊の遺骨をおさめた三つの壺は、ストックホルム北墓地に設けられた三人の共同の墓に埋葬された。

遺体は火葬された。三人が亡くなったときに着ていた服を、法化学的に分析することはもうかなわない。何度も洗濯され、処理されてしまっていて、分析結果からなんらかの結論を導き出すのはとても無理だ。真の死因をつきとめたかったら、三人の遺体の一部、分析のサンプルとなるものを見つける必要がある。骨片、身体組織、髪の毛数本、それだけで、すべての謎が解けるかもしれない。ほんの少量のサンプルであっても、現代の分析手法なら、鉛、銅、アヘン、モルヒネなどが致死量に達していないかどうか調べられる。だが、病理学的な分析に使えるサンプルは、いっさい存在しない。なにも残っていないのだ。

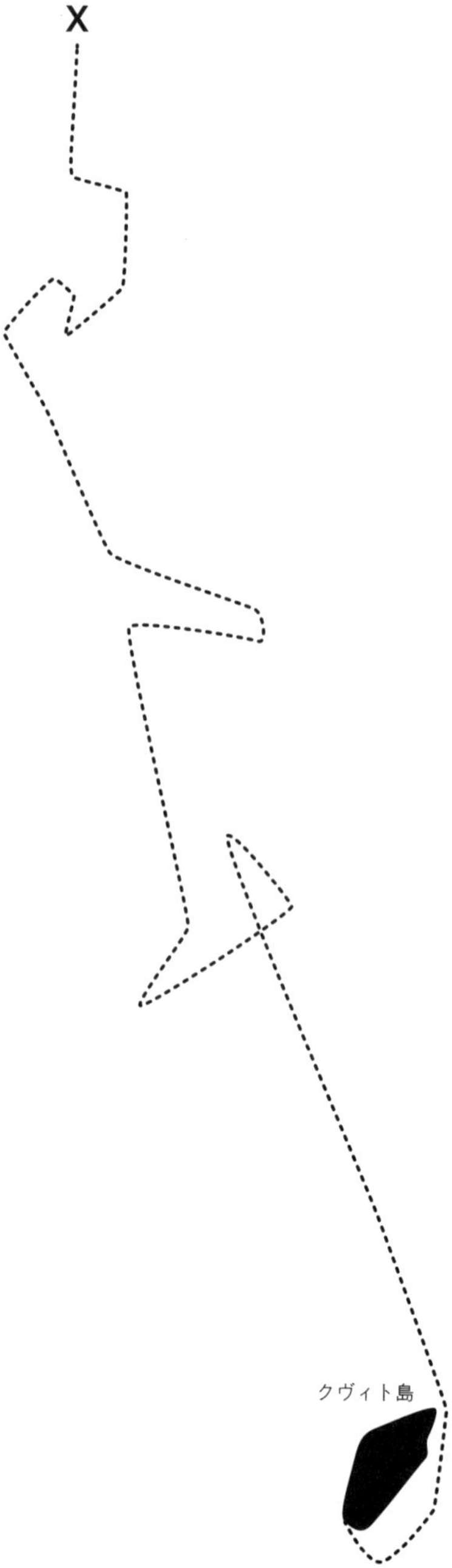
X
クヴィト島

わたしはもう十五年近く、とある恋人たちの足跡を追いつづけてきた。いま、かつてないほど近づいている。もうすぐ追いつけそうだ。わたしは、ふたりの気に入りの料理を食べてみたことがある。ふたりが七年生のときに何回遅刻したか知っている。ふたりの手袋をはめてみたこともある。アルバムをめくったことも。四隅をアルバムにとめるシールから写真を抜き取って、裏になにが書かれているか見たことも。ヴァルハラ通り十五番地のマンションの五階、最上階の角部屋に上がる階段が、何段あるかも知っている（七十八段）。部屋の前に立ち、ドアの取っ手に触れたこともある。もうすぐ追いつけそうだ。

わたしは、ふたりの電話番号を暗記している。ニルス・ストリンドベリの番号は、２２５０（全国電話網）、２０９０（一般電話網）［当時の電話網は、国による独占体制が確立されておらず、民間企業〈スウェーデン一般電話〉などの電話網と併存していた］。アンナ・シャーリエの番号は、ペーテシュベリ５番（一般電話網）。かけてみても、応答はない。

7.

言葉の奥へ

ぼろぼろの日誌に残されたメッセージ

アンドレー探検隊の日誌は、スウェーデン王立科学アカデミー内、湿度四十八パーセントを保った特別室に保管されている。日誌は、想像していたよりもはるかに小さい。

中には、日々の詳細な記述がぎっしり詰まっている――男が三人、気球で出発する。頑強で誇り高い、健康体の男たちだ。ところが、出発からわずか一週間ほどで、三人の体に原因のよくわからない症状が出はじめる。三人がさらりと記したことの中に、本人たちが気づかなかった因果関係が示されていないだろうか？　クヴィト島への上陸後、なぜほんの数日で命を落としてしまったのか、その理由を説明できる病の兆候が、氷上を歩いているときからすでに表れていたのでは？

わたしはそれぞれの日誌に記された情報を並べ、見くらべ、ひとつにまとめてみることにした。はじめのうちは、ノートに小さな表ができただけだった。それが、どんどん大きくなっていく。手書きで記された文字のどこかに、秘密が隠れている。わたしはひたすら目を凝らし、探す。それしかない。

症状／怪我	医薬品	その他	コメント
		砂袋などの重しが投棄される	エルネン号が離陸時に誘導索を失うという致命的な事故にもかかわらず、３人は出発できたことを喜んでいたようだ
		北極点に落とす予定だったブイを捨てる* 夜、気球は５分ごとに氷にぶつかっている状態。22時、誘導索の１本が氷塊に引っかかり、気球が完全に停止	* ３人はこの時点で、北極点には到達できそうにないと悟った？
ストリンドベリが気球に酔って嘔吐、足の冷え アンドレー、頭を強打（理由は不明）		気球は夜のあいだ静止、13時間後に動きだすが、ひっきりなしに氷にぶつかっている。重しを投棄 ストリンドベリ、それまで履いていたブーツから、毛皮の裏地のついた革製ガロッシュ（防護用のオーバーシューズ）に履き替える	
疲労、空腹		ストリンドベリ、氷上の探検隊を写真に残す	ストリンドベリの写真家としての仕事ぶりが突然、外に向けたものというより、むしろ内向的な性格を帯びる。彼はカメラを自分たち、探検隊に向けている
			*つまり、ほかの日々はあまり良くなかったということ？

日付	天候	食事	運動	精神状態
1．ダンスク島からの気球飛行				
1897.7.11	気温：+0.4°〜+5.9° 風：9m/秒 実感温度：-6°〜+1° 視界：薄い霧、夜が近づくにつれ濃くなる	ビール 昼食：具を載せたパン、温かいマカロニ入りブイヨンスープ 夕食：コーヒー		ストリンドベリ「良い雰囲気」 アンドレー「素晴らしい気分」
1897.7.12	気温：+0.2° 風：北西〜西3.6m/秒、のち無風 実感温度：-4°〜+0.2° 降水：霧雨 視界：濃霧	17時間なにも食べていない 朝食：コーヒー 昼食：記述なし 夕食：記述なし		アンドレー「意気軒昂。われわれ3人とも誇らしさに満たされているのは否定できない」
1897.7.13	気温：0° 風：北西2.1m/秒 実感温度：-3° 降水：霧雨。このため気球のロープに霜が降りる 視界：きわめて濃い霧	朝食：記述なし 昼食："ごった煮"スープ、シャトーブリアンステーキ、醸造所〈クローナン〉のビール、チョコレートとビスケット、ビスケットとラズベリーシロップ、水 夕食：記述なし		
2．氷上。北緯82度56分、東経29度52分				
1897.7.14	気温：+0.2° 風：北西 降水：10 視界：高積雲/乱雲（ひつじ雲/雨雲） 空気は比較的澄んでいる	記述なし （このあとの1週間、食料に不足はなし）	気球の排気口を開放。氷上に着陸する。7時間にわたる重労働	
1897.7.15	気温：+0.2° 風：北西4.4m/秒 実感温度：-4° 降水：10 霧雨	記述なし	着陸地点に静止	
1897.7.16	気温：+0.25° 風：北西3.6m/秒 実感温度：-4° 降水：10* [*=雪] 視界：濃霧	記述なし	着陸地点に静止	ストリンドベリ「良い日々」*

症状／怪我	医薬品	その他	コメント
		7月17日から19日にかけてのある時点で、食料の目録が作成される	
		アンドレー、ホッキョクグマを仕留める（1頭目）	
		そりに積んだ荷が重すぎるので、3時間後には早くも戦術を変え、力を合わせてそりを1台ずつ運ぶはめになる	*現代の極地探検では、自身の体重の倍以上の荷物を引いて歩くことはない

日付	天候	食事	運動	精神状態
1897.7.17	気温：+0.1° 風：北西5m/秒 実感温度：-5° 降水：10* 視界：比較的良好	記述なし	着陸地点に静止	ストリンドベリ「 い日々」
1897.7.18	気温：+0.5° 風：北西4.5 m/秒 実感温度：-4° 降水：10* 視界：比較的良好	記述なし	着陸地点に静止	ストリンドベリ「 い日々」
1897.7.19	気温：-1° 風：南西4.0m/秒 実感温度：-6° 視界：濃霧	記述なし	着陸地点に静止	
1897.7.20	気温：+0.7° 風：南西4.8m/秒 実感温度：-6° 降水：10*	記述なし	着陸地点に静止	
1897.7.21	気温：+0.7° 風：南西2.8m/秒 実感温度：-4° 視界：晴天、雲	ホッキョクグマ（1頭目）を調理	着陸地点に静止、そりの荷造り	
3．フランツヨシフ諸島のフローラ岬にある補給基地をめざし、氷上徒行				
1897.7.22	気温：-0.6° 風：南東4.0m/秒 実感温度：-5° 視界：濃霧	記述なし（食料は豊富）	陸地をめざして歩きはじめる。そりが重い。アンドレーのそりの重さは210.8キロ*。ストリンドベリのそりが水中に落ちる	ストリンドベリ「仲 良くやっている」
1897.7.23	気温：-1.5° 風：南東2.8m/秒 実感温度：-5° 視界：晴天。のちに靄、強風	朝食：記述なし 昼食：乏しい 夕食：エンドウ豆、乾パン、ブイヨンカプセル、ルソーの肉粉でつくったスープ	そりが重い。氷の割れ目を越えるのに難儀	ストリンドベリ「割 れ目をどう越えるか について、アンド レーとぼくの意見が 分かれている」

症状／怪我	医薬品	その他	コメント
疲労困憊			氷上を歩きはじめてまだ3日目だが、アンドレーは早くもそりの耐久性を心配している
		アンナ・シャーリエの26歳の誕生日。ホッキョクグマ2頭（雌とその子グマ）が夜中、野営地にやってくる*。射殺はせず	*現代の北極探検では、ホッキョクグマから身を守るため、フェンスを持参し、犬を同行させる
		この日までは、3人で力を合わせてそりを1台引き、また戻っては次のそりを引くことを繰りかえしていた。この日、3人はそりの荷物を積み替え、45日分の食料を積みこむ。ストリンドベリがホッキョクグマを仕留める（2頭目）	*調理法の研究者によれば、19世紀末に当世風とされていた調理法 そりの荷物が重すぎ、これではじゅうぶん速く進めないと悟る
フレンケル、疲労		フレンケルがホッキョクグマを仕留める（3頭目） アンドレーのそりの重さは129.5kg。フレンケルのそりは144.6kg フレンケルのそりが壊れ（引いて歩きはじめてから6日である）、修理する	そりの重さを減らし、前日は1日じゅう休息したにもかかわらず、3人とも疲れている。フレンケルはもっとも体力のある隊員とされていたはずだ。すでになんらかの病で体力を失っているのか？ *持参したシャンパンボトル、ここで開封！ **つまり、アンドレーとストリンドベリはすでに疲労を訴えていた
		アンドレー「風が骨身にしみる」 そりを点検し、補強しなければならない	これまででもっとも寒い日

日付	天候	食事	運動	精神状態
1897.7.24	気温：+0.5° 風：南西4.75m/秒 実感温度：-4° 降水：10* 視界：曇天	朝食：記述なし 昼食：乏しい 夕食：ルソーの肉粉を使った「どう贔屓目に見ても美味いものではなかった」スープ（ストリンドベリ）、コーヒー、チーズを載せたパン、ビスケット、シロップ水、キャラメル	そりが重い	アンドレー「徒行は困難で、われわれは疲労困憊している」 ストリンドベリ「進みが遅いため、ともすれば冬までにフローラ岬にはたどりつけないかもしれずナンセンのように穴を掘って越冬することになりそうだ。そのことを思うと、ぼくも苦しい」
1897.7.25	気温：+0.4° 風速：南1.1m/秒 有効温度：+0.4° 降水：曇天。夜中から朝まで雪と雨	朝食：コンデンスミルクを入れたココア、ビスケット、具を載せたパン。シロップ水 昼食：記述なし 夕食：記述なし	半日テント内にとどまり、仮寝	ストリンドベリ「気分は上々」 アンドレー「ストリンドベリが水中に落ちた。明らかに命が危なかった」
1897.7.26	気温：+0.4° 風：北1.5m/秒 実感温度：-1° 降水：10。3人が起床した12時には雨が降っている 視界：濃霧	朝食：コンデンスミルクを入れたココア、ビスケット、具を載せたパン 昼食：ホッキョクグマ肉のステーキ。アンドレー「クマ肉ステーキは極上だった。肉は海水に1時間漬けた」* 夕食：記述なし	移動はせず、テント内にとどまり、仮寝。そりの荷物を積み替える	アンドレー「北風、万歳」（ようやく風向きが変わって北風になった。）「荷物の削減にあたり、豪勢な食事。奇妙な気分」（食料や装備を氷上に置き去りにする。）
1897.7.27	気温：-1° 風：北西5.75m/秒 実感温度：-7° 降水：10* 強風	ホッキョクグマ肉。肉粉は削減される。パンの割り当ては増加。夕食はテント内で、シャンパン*、ビスケットと蜂蜜	アンドレー「とりわけFにとって多大な労力を要した1日」	アンドレー「フレンケルまでもが疲労を訴えた」**
1897.7.28	気温：-1.8° 風：北西4.4m/秒 実感温度：-7° 視界：霧	ホッキョクグマ肉	徒歩での移動。かんじきを使いはじめる。16時間にわたる氷上徒行	

症状／怪我	医薬品	その他	コメント
フレンケルに雪盲の症状が出はじめる		1日の始まりに、防水のため靴に脂を擦りこむ習慣*	雪盲か、あるいはなにかの病気／感染症の症状か？　トリューゼ（旋毛虫症説をとなえた）によると、雪盲は旋毛虫症の初期に出る症状である *足下が濡れているので、靴はすでに湿っている
		夜、天文観測で位置を測定したところ、3人が東へ向かうよりも速く、氷が西へ漂流していると判明	ストリンドベリからアンナへの最後の手紙
		3人は南へ歩くが、氷は北へ漂流している アンドレー「靴下を乾かすのに最適な方法は、毛糸の靴下をはいた上にそれをはくことだ」*	*つまり、足が濡れた状態である
		ストリンドベリ「夏日」 アンドレー「1日じゅう晴天、穏やかで暑い日」 アンドレーがホッキョクグマを仕留める（4頭目）	これまでのところでは有数の暖かい日。風冷えなし 3人はいまや、ホッキョクグマの舌や腎臓も食べている

日付	天候	食事	運動	精神状態
1897.7.29	気温：0° 風：北1.9m/秒 実感温度：-2° 降水：10 視界：高積雲(ひつじ雲)、濃霧	ホッキョクグマ肉	氷上徒行	
1897.7.30	気温：+0.8° 風：北6m/秒 実感温度：-4° 降水：10 夜から翌朝にかけて雨 視界：霧	日々の習慣について、アンドレー「ここのところ1日2食はクマ肉」 フレンケルが具を載せたパンを用意	氷上徒行 アンドレーが水中に落ちる	アンドレー「とくに骨の折れた日」 就寝時には疲労困憊している
1897.7.31	気温：+0.6° 風：北3.5m/秒 実感温度：-3° 視界：霧	1日2食はホッキョクグマ肉	雪が深く、ひざをついて進む。ストリンドベリが水中に落ちる	アンドレー(氷の漂流について)「励みになったとは言いがたい」。(隊について)「機嫌も雰囲気も良好」。 ストリンドベリ、アンナに宛てた最後の手紙を書くが、途中でやめてしまう
1897.8.1	気温：+0.5° 風：北西3.8m/秒 実感温度：-4° 降水：1 視界：巻層雲(うす雲)、きわめて濃い霧	ホッキョクグマ肉が残り少なくなる	ストリンドベリ「良い徒行、8km」	
1897.8.2	気温：-0.4° 風：北1.9m/秒のち無風 実感温度：-3°～-0.4° 降水：10 視界：巻層雲(うす雲)	ホッキョクグマ肉を食べ終える。新たなホッキョクグマを仕留める。このクマからは、ふつうの肉だけでなく、腰付近のヒレ肉、腎臓(1/2kg)、舌、肋骨も保管される アンドレー「老いてやつれた雄で、歯にも虫食いがある」	足下がきわめて悪い	前日の道のりは悪くなかったが、それでもいつも以上に疲労したまま目覚める

症状／怪我	医薬品	その他	コメント
		暖かいので、外套を着ずにそりを引いて歩く。この天候のおかげで服もほぼ乾く。この日、3人は「屋外で」、つまりテントの外で食事をしている	これまででもっとも暖かい日。外が暖かいので服を乾かすことができた ナンセンによる氷上徒行との比較：気温マイナス13度で、ナンセンは就寝時、テント内の暑さに苦しんでいる
		乾パンもふつうのパンもすっかり湿っている 氷が正反対の方向へ漂流しているため、進路を変える アンドレー「……七島群島をめざして次なる徒行を開始することで意見が一致。6～7週間で到着するものと願っている」*	*七島群島までの距離は220km。この日から6週間後、3人は目的地に22.5kmしか近づいていない
		食料の目録をつくったところ、食料（とくにパン）を節約しなければならないと判明 アンドレー「気温がどんどん下がっていき、~~1晩~~1度下がるごとに深く寝袋にもぐっている」	
アンドレー「簡単に足がすべって転んでしまう」 アンドレー「野営をととのえ就寝したいま、疲労が激しい」			アンドレー「ほぼ真向かいから風が吹いている。おそらく前進したのと同じぐらい後ろへ流されているだろう」 アンドレー「クマ肉が古くなり、味がぐんと良くなった」
アンドレー「……目覚めたとき、ついにじゅうぶんな休息が取れたと感じた」*		この日遅く、このままではどこにもたどりつけない、また進路を変えるしかない、と悟る	*つまり、そのように感じたのは久しぶりだった

日付	天候	食事	運動	精神状態
1897.8.3	気温：+0.4° 風：東0.35m/秒 実感温度：+0.4° 視界：水平線付近に霧 2日から3日にかけての夜、3人はテント内の暑さに苦しめられる。晴天（白夜）、ほぼ無風	ホッキョクグマ肉 アンドレー（ホッキョクグマについて）「……革製のガロッシュ並みに硬い」	氷上徒行。氷の状態は劣悪	アンドレー「私が撃った老クマについて大いに冗談を言いあう北極圏最年長のクマだったにちがいないとFが断言」
1897.8.4	気温：-2.2° 風：1.25m/秒 実感温度：-2.2° 視界：巻層雲/高積雲（うす雲/ひつじ雲） 降水：6	朝食：ホッキョクグマ肉のステーキと硬いパン、ラクトセリン・ココア［栄養強化されたチョコレートドリンク］とビスケット 昼食：ビスケット、バター、チーズ、雪どけ水	12時間にわたる氷上徒行	

4．新たに七島群島（小規模な補給基地が設けられている）をめざし、氷上徒行

1897.8.5	気温：-2.2° 風：北西2m/秒 実感温度：-5° 視界：水平線付近に霧	夕食：ホッキョクグマ肉のブイヨンとスイバのポタージュ（スタウファー）、具を載せたパン、ビスケット、チェリーのシロップと水 朝食：ホッキョクグマ肉（ばら肉、腰肉、腎臓）、パン（4）、コーヒーとビスケット（ミルク6個）	氷上を歩くのが困難で、四つん這いになって進まざるをえない	アンドレー「今日は困難な1日」
1897.8.6	気温：+0.8° 風：北西1.8m/秒 実感温度：-1° 視界：曇天、濃霧	昼食：ビスケット（7）パン（8）バター、水 夕食：ホッキョクグマ肉（骨付きばら肉と舌）3/4kg、パンとビスケット、メリンズ・フードの薄粥 朝食：ホッキョクグマ肉と内臓3/4kg、パン（2）、コーヒーとビスケット（6個）	氷上徒行、14～15時間。雪が困難。足がすべり、そりが雪に深く埋もれたりひっくりかえったりする	フレンケルが冗談を言う
1897.8.7	気温：0° 風：南西4m/秒 実感温度：-4° 降水：10* 視界：霧	昼食（実際には夜）：1人あたり、パン（4）とビスケット（7個）、バター、水 夕食（午前）：ホッキョクグマ肉1kg、エンドウ豆ピュレー（スタウファー）、パンとビスケット	氷上徒行	

症状／怪我	医薬品	その他	コメント
暖かい（少なくともアンドレーにとっては） アンドレー「われわれ3人とも、つねに洟水を垂らしている。慢性のカタル状態」*		アンドレーは夏用ジャケットがあればよかったと記している アンドレーの記述によれば、彼は日差しの強い時にサングラスを使用していない。代わりに目を細めている	気温が氷点下で、風速5メートルの風が吹いているにもかかわらず、アンドレーは暖かいと感じている。氷の状態が良く、ひっきりなしに立ち止まる必要がないので、体温を保つのがわりに簡単なのだろう *洟水は強風のせいか、それともなんらかの病気が原因か？　この時点ですでに数日は同じ状態が続いていたにちがいない
全員が疲労困憊している。フレンケル、下痢 アンドレー「フレンケルが2度目の下痢、気力があまり残っていないように見える」*	フレンケル、アヘン	ストリンドベリの銃が故障し、3人は何時間もかけてこれを修理する ホッキョクグマ肉が残り少ない 氷まじりの水	フレンケルの1度目の下痢はいつだろう？　日誌には記述がない *含みのある表現！　どういう意味だろう？ 氷まじりの水で足が濡れている
フレンケルの腹痛は治っている		そりに積んだ荷物の目録を作成。アンドレーのそりの重さは134.2kg。ストリンドベリのは141kg、フレンケルのは153.8kg。フレンケルのそりの重さを24kg減らす またもや進路変更	フレンケルはこれまで、ほかのふたりに比べるとはるかに重いそりを引いていた
		フレンケルがゾウゲカモメを仕留める フレンケルが一瞬、陸地が見えたと思いこむ（3人はギレス島を探している*）	* 3人はギレス島という島の話を聞いたことがある。現実には存在しない島だ

日付	天候	食事	運動	精神状態
1897.8.8	気温：-0.4° 風：南西5.1m/秒 実感温度：-5° 視界：霧	朝食：１人あたり、ホッキョクグマ肉ステーキ0.3kg、パン２かけ、ラクトセリン・ココアとビスケット６個 昼食：通常の割り当て量のパン、バター、チーズ、ビスケット 夕食：１人あたり、ホッキョクグマ肉0.4kg、薄粥（メリンズ）とビスケット、パン２かけ	氷上徒行。氷の状態は比較的良好	食事に寝袋のトナカイの毛が入っていたことで冗談を言いあう
1897.8.9	気温：-0.9° 風：南西4.6m/秒 実感温度：-6° 視界：水平線付近に霧	朝食：ホッキョクグマ肉１人あたり0.27kgとパン２つ。新しいコーヒーと古いコーヒーかす、水1.5リットルでいれたコーヒーに加え、ミルク少々。ビスケット（ミルク６個） 昼食：パン、ビスケット、バター、チーズ 夕食：クロエッタの肉粉、チョコレート、パン、ビスケット、バター	18時間にわたる氷上徒行。氷の状態はきわめて劣悪。水に足が浸かる	アンドレー「美しいクマが近づいてきたが、逃げられた。クマ肉が残り少なくなっているいま、大きな損害で、たいへん残念だ」
1897.8.10	気温：+1.2° 風：南西3m/秒 実感温度：-2° 降水：10 視界：高積雲（ひつじ雲）	朝食：ホッキョクグマ肉、パン、メリンズ・フードの薄粥 昼食：硬いパンとバター、イワシ、ビスケットとチーズ 夕食：ホッキョクグマ肉0.75kgとバティー・ソース[デザート用の甘い冷製ソース]、ブイヨンとビスケット、アーモンドケーキ（スタウファー）	骨の折れる氷上徒行。足下がきわめて悪い アンドレー「７時間歩いただけでテントに入ったが、とにかく困難な、骨の折れる道のりだった」	アンドレー「北緯82度よりも南に戻れたのを祝った」
1897.8.11	気温：-1.6° 風：南西3.0m/秒 実感温度：-5° 視界：水平線付近に霧、天頂は快晴	朝食：ホッキョクグマ肉、パン、コーヒー、ビスケット 昼食：パン、バター、ビスケット、チーズ	アンドレーが水中に落ちる。ストリンドベリがフレンケルのそりにぶつかり、ボートが壊れる	アンドレー「夜が来たとき、われわれはいささかも陽気でなかった」

症状／怪我	医薬品	その他	コメント
		3人はこの日も、もうすぐ望遠鏡でギレス島を見られるだろう、と期待している ホッキョクグマ肉が1食分しか残っておらず、アザラシを撃とうとする	
		アンドレーがゾウゲカモメ1羽を仕留める。3人で、ホッキョクグマの雌（5頭目）と子グマ2頭（6、7頭目）を仕留める アンドレー（ホッキョクグマについて）「……心臓、脳、腎臓~~および何らかの~~がとりわけ美味である。舌も保管する価値がある。ばら肉も良い」 足下の氷のせいで、アンドレーのブーツに穴があきはじめる	ホッキョクグマ肉を42kg入手、23日間はもつ量だ。1人1日あたり600gのホッキョクグマ肉、という計算になる
		アンドレー「雌グマは［死後］すぐに硬くなってしまったが、子グマは長いあいだ柔らかかった」	3人は大量のホッキョクグマ肉を食べている。ホッキョクグマの脳や心臓、腎臓も食べるようになっている
アンドレー、下痢 ストリンドベリ、下痢 ストリンドベリ、手に切り傷、上唇に膿瘍	アンドレー、アヘン ストリンドベリ、アヘン ストリンドベリの膿瘍は昇汞水［水で薄めた塩化水銀］で消毒	寝袋、外套、サングラスを修理。アンドレーがレインコートをつくる 大量のホッキョクグマ肉や内臓を食べている	彼らは腹を壊してアヘンを摂取しているが、これはテント内に1日とどまった理由としては書かれていない。理由として挙がっているのは雨と修理である ストリンドベリの下痢は、細菌性胃腸炎が原因か？　肉のせいで腹を壊した？ ストリンドベリの膿瘍から、細菌が体内に侵入し、敗血症につながった可能性も

日付	天候	食事	運動	精神状態
1897.8.12	気温：-1.6° 風：南西4.1m/秒 実感温度：-6° 視界：霧	夕食：ホッキョクグマ肉0.75kg、ラクトセリン・ココア 朝食：ホッキョクグマ肉0.7kg、8月11日にフレンケルが仕留めたゾウゲカモメ(美味)、メリンズ・フードの薄粥 昼食：パン、バター、ビスケット、チーズ	氷の状態は少し良くなった。通常より短い徒行	
1897.8.13	気温：+0.7° 風：西1.85m/秒 実感温度：-1° 降水：10*	夕食：ホッキョクグマ肉0.5kg、パン1人あたり2つ、ウイキョウゼリのポタージュ(スタウファー)とビスケット(1人あたり6個) 朝食：ホッキョクグマ肉0.6kg(最後の割り当て)、硬いパン(2)、コーヒー、ビスケット 昼食：パン、バター、イワシ、チーズ、ビスケット	肉の解体に忙しく、通常より短い氷上徒行	アンドレー(仕留めたホッキョクグマについて)「隊にとって大きな喜びとなった」
1897.8.14	気温：-1.6° 風：南2.1m/秒 実感温度：-4° 降水：10*	夕食：新鮮なホッキョクグマ肉、心臓、脳(1.5kg)、骨付きばら肉。ホッキョクグマのブイヨンスープ(肉入り)、パンと全粒粉ビスケット添え 朝食：ホッキョクグマの肉、ばら肉、心臓、脳、腎臓、およびゾウゲカモメを焼いたもの、パン、コーヒーと全粒粉ビスケット		
1897.8.15	気温：+0.4° 風：南東4m/秒 実感温度：-4° 降水：雨	昼食：コーヒーとバター、パンとビスケット 夕食：ホッキョクグマ肉と内臓(1.5kg)、茹で肉の入ったホッキョクグマ肉ブイヨンスープ、パン、ビスケット アンドレー「大量の肉を摂取」	雨が激しいので、この日はテント内にとどまる。加えて装備を修理する必要もあった	

症状／怪我	医薬品	その他	コメント
			この日も1日テント内にいたようだ。これまででもっとも寒い日
		しばらく晴れたので、陸地を探す。またもや進路を変えなければならないと悟る	1日じゅう歩いたにもかかわらず、1000メートルも進めていない
		クリーニングのため銃をテント内に持ちこむ* フレンケルがホッキョクグマを仕留める（8頭目）。雄グマである アンドレー「開けた海に近づいているにちがいない」 フレンケルの猟銃の照準器がはずれて落ちるが、すぐに見つかる	ここでもまた、ホッキョクグマが人間にとってどれほど危険か、3人が知らないことが明らかになっている *つまり、ふだんは銃をテントの外に置いている。結露によって銃身に氷の栓ができることを防ぐためだろうか？　現代の極地探検ではそのようにしている
アンドレー「1日の仕事を終えて疲労困憊」			*含意：アンドレーはつまり、ほかのふたりよりも自分のほうが多く働いている、ほかのふたりは座って寒がっているだけだ、と思っているのだろうか？　ストリンドベリとフレンケルは、疲労のあまり無気力になっているのか？

日付	天候	食事	運動	精神状態
1897.8.16	気温：-3.4° 風：北西5.9m/秒 実感温度：-10° 降水：10*	ホッキョクグマ肉		
1897.8.17	気温：+0.2° 風：北西3.8m/秒 実感温度：-4° 降水：10*	アンドレー「クマの~~肉~~心臓（焼いたもの）は、やや苦く感じられる。クマ肉を焼いてスタウファーのスープに入れるとひじょうに美味」	氷上徒行。雨風の中で出発。氷の状態はひじょうに劣悪 アンドレー「今日の道のりはひどいものだった。1000メートルも進めなかった」	
1897.8.18	気温：-0.8° 風：北西1.7m/秒 実感温度：-3° 降水：10* 視界：11時、しばらく晴れる	ホッキョクグマ肉の割り当てを、１人あたり1.1kgに増やす 脳、腎臓、舌、背肉、計10kgほどを、新たに仕留めたホッキョクグマから保管	氷上徒行。氷の状態はきわめて劣悪。氷の割れ目を渡るため、そりをボートに載せなければならないことが９回あった	アンドレーがテン 内で下着を繕ってい るとき、テントの きまからホッキョ グマの姿が見えた 手を止めることは く、「ごらん、ま クマだ」と言った けだった
1897.8.19	気温：-0.8° 風：北3.6m/秒 実感温度：-5° 降水：10*	ホッキョクグマ肉１人あたり1.1kg 新たに仕留めたホッキョクグマの肉や内臓、8kgをそりに載せる	約５kmの氷上徒行。ひじょうに疲れる地勢	アンドレー「偵察 私がおこなったが、 きわめて困難。S Fは座って待って て、寒がっている」
1897.8.20	気温：-1.8° 風：北5.4m/秒 実感温度：-7° 視界：霧	ホッキョクグマ肉の割り当てを増やす。朝食に1.2kg、昼食に0.3kg	氷上徒行	

症状／怪我	医薬品	その他	コメント
		フレンケルとストリンドベリがホッキョクグマを２頭仕留める。雌（９頭目）と子グマ（10頭目） アンドレー「生の腎臓に塩を振ると、牡蠣のような味がするので、焼きたくなかった。生の脳もたいへん美味であり、クマ肉そのものも生で食べやすい」	*この一文は、アンドレーがへまをしたとストリンドベリが思っているように解釈できる（アンドレーが子グマに怪我を負わせながらも逃げられてしまったので）。ホッキョクグマはずいぶん近くまで来ている！ ストリンドベリの銃がふたたび使えるようになった 足が水浸し “腎脂”とは腎被膜をとりまく脂肪のこと
フレンケル、足の痛み。アンドレーがマッサージを施す ストリンドベリ、足指に痛み。理由はまだわからない（アンドレーによれば）		アンドレーがゾウゲカモメの雛を仕留める アンドレー「Ｆの足をマッサージしてやった。Ｆが激しく引いたせいでひざの関節が脱臼したが、すぐ元に戻った。とはいえ、損傷は（あまり）なく済んだ」	ストリンドベリの足指がなぜ痛いのか、本人もわかっていないとしたら、原因は靴ずれではなさそうだ。細菌の侵入？ フレンケルのひざは、ほんとうに脱臼したのか？（相当な衝撃による外傷がなければ、ひざの脱臼は起きないはず。）そして、なぜフレンケルは「引いた」のか？　痙攣のせい？　マッサージでやわらぐのは、どういう足の痛みだろう。捻挫？　筋肉痛？
アンドレー「われわれはひどく疲れている」		スープをつくった海藻のサンプル（no.15）は、のちにクヴィトー島の野営地跡から見つかり、現在はアンドレー博物館に保管されている アンドレー（肉の割り当てを増やした件について）「３人ともこの食事には満足している」*	初めて海藻スープをつくる（８月21日を参照）。このスープをのんだあと、３人は４日連続で下痢に見舞われている！　肉の割り当て量を増やしてもいる *つまり、この時点では下痢をしていない？　それとも、関連性に気づいていないのか？

日付	天候	食事	運動	精神状態
1897.8.21	気温：-3.5° 風：北2.2m/秒 実感温度：-7°	ホッキョクグマ肉：朝食に1.2kg、昼食に0.3kg。この日、3人はホッキョクグマの生肉、生の腎臓、生の脳、腎脂を食べはじめる。ホッキョクグマの血、オーツ麦粉、バターを入れたパンケーキ 舌の2/3、腎臓、脳を（ストリンドベリによれば背肉も）、新たに仕留めたホッキョクグマから取る。血も保管する 21日には次の食事の記述もあるが、おそらくこの日に調理したものではない：氷の縁から採った海藻のスープ。メリンズ・フード、ドライイースト、淡水でつくったパン	氷上徒行。氷の状態は劣悪。水に足が浸かる アンドレー「凍りかけた割れ目や海水のせいで、たいへん時間が無駄になった」	アンドレー「気持のよい日。澄んだ気」 ストリンドベリ「ント入口のすぐそにホッキョクグマ3頭、うち1頭は我を負いながらもげた*。母親はぼが一発で仕留めた
1897.8.22	気温：-4° 風：南1.25m/秒 実感温度：-4° 視界：濃霧	数日が経ったホッキョクグマ肉のハム アンドレー「数日を経たクマ肉ハムが、えもいわれず美味」	氷上徒行 アンドレー「ひどい地勢」	アンドレー「すばしく美しい1日だた。これまででもとも美しい1日だたかもしれない」
1897.8.23	気温：-0.2° 風：南5.3m/秒 実感温度：-5°	多量の海藻の入ったスープ、焼いたホッキョクグマ肉、メリンズ・フード数さじ。パンの割り当ては、食事用パン75g、ビスケット150gに減らされる。肉の割り当ては1日あたり2.8～3kgに増える（つまり1人あたり1kg）	氷上徒行、6～7km。淡水の水たまりに張った氷は割れなくなりつつあるが、それでも氷の状態はひどい	

症状／怪我	医薬品	その他	コメント
フレンケル、激しい下痢と筋痙攣、過度の運動が原因かもしれない ストリンドベリ、筋痙攣*。足の痛みはなくなっている		アンドレー「昨晩、Fが激しい下痢に見舞われたが、おそらく低体温症のせいだろう。筋痙攣もあり、これは過度の運動が原因かもしれない。Sの足の痛みは、靴下に靴用クリームを塗っておくことで治った。筋痙攣*はマッサージですぐにやわらいだ」	低体温症で下痢になることはない。靴下に靴用クリームを塗ってやわらぐ痛みとはなんだろう？ *P・O・スンドマンはアンドレーのこの記述を、ストリンドベリとフレンケルの両方が筋痙攣を起こした、と解釈している。わたしには確信がない
フレンケル、下痢 アンドレー、下痢 ストリンドベリ、足の痛み		アンドレーがヒメウミスズメを仕留める 食料の目録作成	
フレンケル、下痢			
フレンケル、激しい下痢 アンドレー、下痢	フレンケル、アヘン	アンドレー「Fがまた激しい下痢に見舞われ、~~マ~~アヘンを摂取。私も今日は下痢を起こしたが、薬なしでも治りそうだ」*	*含意：アンドレーは、薬が必要なフレンケルのことを、弱いと思っているのだろうか？
フレンケル、腹痛	フレンケル、モルヒネ	アンドレー「Fがまた体調を崩している。昨日は下痢のためアヘンを摂取、今夜は腹痛のためにモルヒネを摂取した」*	極夜が近づきつつある *前とちがって、アヘンだけでは効かなくなっている

日付	天候	食事	運動	精神状態
1897.8.24	気温：+1.2° 風：南8.6m/秒 実感温度：-5° 降水：10	ホッキョクグマ肉：朝食1人あたり1.3kg、昼食0.4kg。パン：1人あたり75g。ビスケット：1人あたり150g。バター摂取は昼食のみ（割り当て）	氷の状態がひどい	
1897.8.25	気温：+0.2° 風：南6.0m/秒 実感温度：-5°	ホッキョクグマ肉、パン、ビスケット	氷の状態が大きく改善される。体調不良にもかかわらず、かなりの距離を前進 フレンケルが水中に落ちる	
1897.8.26	気温：+1° 風：北2.1m/秒 実感温度：-1° 視界：高積雲（ひつじ雲）	ホッキョクグマ肉、パン、ビスケット		
1897.8.27	気温：-1.2° 風：北1.9m/秒 実感温度：-4° 視界：霧	ホッキョクグマ肉。パンの割り当て：1人あたり、シューマッハー・パン〔平たく丸いクラッカー状のパン〕（4）、“アルバート”ビスケット（6個）。コーヒーやチョコレートドリンク（ラクトセリン・ココア）に、メリンズ・フードの粉を使いはじめる	氷上徒行6～7km	アンドレー「屈指 良い日。気持ちの い天気だった」
1897.8.28	気温：-5.5° 風：北西6.8m/秒 実感温度：-13° 降水：10 視界：層積雲（まだら雲）	ホッキョクグマ肉、パン、ビスケット	氷上徒行。淡水の水たまりに氷が張り、そのまま渡れるようになった アンドレー「ひどい氷」	アンドレーは、フ ンケルの体調がつ に悪いことを心配 ている「また男ら くしっかりできる どうか、ようすを よう」

症状／怪我	医薬品	その他	コメント
		いまやテントの内側にもつねに氷が張っている ホッキョクグマを１頭見かけるが、クマはそのまま去っていく ストリンドベリのそりが壊れる。なんとか修理	*アンドレーがホームシックにかかりはじめている。ストリンドベリとフレンケルは、故郷が恋しいという話をよくしていたのだろうか？　アンドレーはそれに苛立っていたのだろうか？
		フレンケルがホッキョクグマ（11頭目）を仕留める。クマはストリンドベリからわずか10歩しか離れていないところにいた 一行の計算によれば、これで14日分の肉が確保できたことになる。肉が凍ってしまわないよう、服の下に抱えて歩く*	ホッキョクグマが人間を襲うこともあるという事実を、やはりよくわかっていないらしい *このせいで肉の温度が上がり、細菌が繁殖する可能性が生じる
アンドレー、激しい下痢、腹痛、風邪の症状	アンドレー、モルヒネとアヘン	アンドレー「真夜中、太陽が水平線に接していた。燃えているかのような風景。雪が火の海のよう」 フレンケルのそりが大きく壊れる*	アンドレーは風邪のせいで下痢をしたと思っている。が、風邪で下痢を起こすことはない もうすぐ白夜が終わり、極夜の季節がやってくる *ストリンドベリのそりも、ほんの数日前に壊れている
		アンドレー「……休息と修繕の必要を感じた」	３人はまだ下痢と腹痛に苦しんでいるのか、それとも疲れているだけか？　８月15日のコメントを参照
アンドレー、３日にかけての夜に下痢		アンドレーが初めて、寝袋の中で毛糸の靴下を履いて寝ている	つまり３人とも、寝袋に入っているときには靴を履いていない

日付	天候	食事	運動	精神状態
1897.8.29	気温：-3° 風：北西3.5m/秒 実感温度：-8° 降水：1 視界：層積雲（まだら雲）	ホッキョクグマ肉、パン、ビスケット	氷上徒行。前進は困難。氷も雪もガラスのように硬い	アンドレー「私は昨晩初めて、故郷にあるすばらしいものすべてに思いを馳せた　SとFはずいぶん前からそういう話をしているが」*
1897.8.30	気温：-6.6° 風：北西5.25m/秒 実感温度：-13° 降水：9	ホッキョクグマ肉（新たに仕留めたクマから30kg取る）	今日の氷はかなりましになっている。体調不良にもかかわらず、かなりの距離を前進	
1897.8.31	気温：-4° 風：北西6.5m/秒 実感温度：-11° 降水：10*	ホッキョクグマ肉、パン、ビスケット	氷上徒行。氷の状態は比較的良好	
1897.9.1	気温：-3.4° 風：北西6.9m/秒 実感温度：-10°	ホッキョクグマ肉、具を載せたパンとコーヒー（南へ進んだのを祝って）	テント内で休息	アンドレー「最高の気分」（氷盤が正しい方向に漂流しているため）
1897.9.2	気温：-5.8° 風：北西4.2m/秒 実感温度：-12° 降水：8		氷上徒行、約8時間	アンドレー「風はいま［……］残念ながら南西60°に変わっているが、幸いあまり強い風ではない」

症状／怪我	医薬品	その他	コメント
アンドレー、下痢		夜中、ホッキョクグマが野営地に現れる（射殺はせず） フレンケルが鳥を仕留める（おそらくハジロウミバト） アンドレー（クマのもっとも美味な部位について）「脳と腎臓。腎脂や、血を入れたパンケーキは言うまでもない」	濡れビスケット＝水に落ちて湿りきったビスケット
アンドレー、便秘		ストリンドベリの25歳の誕生日。３日から４日にかけての夜、アンドレーは寝袋の中で寒さに震える。「昨晩は毛布を二枚ではなく一枚だけ使ったが、それでは寒かった」 パン、ビスケット、砂糖が水に浸かって湿ってしまった。“濡れビスケット”は冷たい水にまぜ、ココアといっしょに加熱する	アンドレーは、９月３日の下痢のためにアヘンを摂取し、そのせいで９月４日は便秘に見舞われたのだろうか？
アンドレー、便秘		フレンケルが一発でゾウゲカモメを３羽仕留める 夜中、ホッキョクグマが野営地に現れる（射殺はせず）	
アンドレー、便秘 フレンケル、左足に痛みがあった可能性			氷まじりの水のせいで、いわゆる塹壕足〔一種の凍傷で、死に至る可能性もあり〕になることがある
フレンケル、左足の痛み アンドレー、便秘		長い睡眠で体力を回復。セイウチを見かける	

日付	天候	食事	運動	精神状態
1897.9.3	気温：-2.4° 風：南西2.6m/秒 実感温度：-6° 降水：10	ボロシメ・チョコレート〔「ボロシメ」の語の意味は判明していない〕を、水10カップ、濡れビスケット（“コンゴ”ビスケット）100gと混ぜて加熱したもの	氷の割れ目を渡るのに、そりを１台ずつ載せるのではなく、初めて３台とも載せてボートを使用する。3時間にわたってボートを漕ぐ。その後、４時間半の氷上徒行	アンドレー「延々とそりを引きずって歩くのに［……］ここのところ疲れてきたように思う」
1897.9.4	気温：-0.3° 風：北西3.2m/秒 実感温度：-4°	朝食：ホッキョクグマ肉ステーキ、パン、ホッキョクグマ肉と脂を入れたスタウファーのエンドウ豆スープ 昼食：ベストの下に入れて温めていたホッキョクグマ肉を焼いたもの 夕食：ホッキョクグマ肉。ガチョウのレバーペーストを塗ったパン、スタウファーのケーキとシロップソース、シロップ水、水、ラクトセリン・ココア	ストリンドベリが水中に落ちる すべてを乾かすのに長い時間がかかったため、氷上徒行はわずか３時間	祝いの日 アンドレー「いつものとおり、みな陽気に仲良くやっている」
1897.9.5	気温：-3.8° 風：西1.3m/秒 実感温度：-3.8° 降水：10	ストリンドベリが、９月５日から13日までのいつかの時点で、次のように記している「残りの道のりは、以下の食料をかわるがわる摂取：クマ肉、腎臓、脳、背肉、血入りパンケーキ（クマの血、オーツ麦粉、バターでつくる）、メリンズ・フードのパンケーキ」	きわめて困難な道のり。骨の折れる氷上徒行を４時間。その後はボートを漕いで移動	アンドレー（ボートでの移動について）「この移動手段を~~選べ~~使うことができて、良い気分転換になった」
1897.9.6	気温：-2.3° 風：南東1m/秒 実感温度：-2.3° 降水：9 視界：濃霧	ホッキョクグマ肉	海水に氷がまじり、ボートでの移動が難しく、歩行も困難	
1897.9.7	気温：-3.2° 風：南東4.8m/秒 実感温度：-9° 視界：晴天	ホッキョクグマ肉	ひどい氷まじりの水	

症状／怪我	医薬品	その他	コメント
フレンケル、左足の痛み			
フレンケルの左足の状態が悪く、自分のそりを引いて歩くことができない。後ろから押して手伝うのがせいぜいだ。膿んだ水ぶくれに穴をあける アンドレー「われわれの下痢は［終わった］おさまったようだ」 「Fは頻繁に排便しており、便はかなりゆるいようだが*、腹痛を訴えることはなくなった。以前はほぼひっきりなしに腹が痛いと嘆いていたのだが**」	フレンケル、塗布薬。水ぶくれは昇汞水で消毒	アンドレーが一発でゾウゲカモメを２羽仕留める アンドレー（フレンケルについて）「朝晩マッサージしてやり、塗布薬を塗っている。今日［……］大きな水ぶくれに穴をあけ、昇汞水で消毒して包帯を巻いた」	フレンケルの水ぶくれは、細菌の侵入口となりかねず、敗血症につながる危険もある *つまり、フレンケルはこの日より前にも、頻繁に下痢を起こしていた **どうやらほぼずっと腹痛もあったようだ アンドレーははっきりとは書いていないが、フレンケルは足を痛めたうえに下痢を起こして、相当参っているにちがいない
フレンケルの足の状態が悪く、そりを引いて歩くことがいっさいできなくなる ストリンドベリの片方の足も「少々おかしい」		北東の風が吹いているにもかかわらず、氷は北へ漂流している アンドレーもストリンドベリもなにも記していない	
フレンケル、足の怪我。そりを引いて歩けない ストリンドベリの足が「おかしい」		北へ漂流 アンドレーもストリンドベリもなにも記していない	

日付	天候	食事	運動	精神状態
1897.9.8	気温：-2.3° 風：6.6m/秒 実感温度：-9° 降水：10*	ホッキョクグマ肉が残り少なくなる	5時間にわたる氷上徒行で1000メートル前進	
1897.9.9	気温：-3.9° 風：南東4.9m/秒 実感温度：-10° 降水：10*	ホッキョクグマ肉、もうすぐ尽きる	ストリンドベリとアンドレーがかわるがわる戻ってフレンケルのそりを引く アンドレー「足下の状態はきわめて劣悪。体力が奪われる」 アンドレー「6時間以上歩きつづける力はなかった」 アンドレーが水中に落ちる 依然として氷まじりの水	
1897.9.10	気温：-1.9° 風：北東3.5m/秒 実感温度：-6° 降水：10* 視界：濃霧			
1897.9.11	気温：-4.2° 風：5.9m/秒 実感温度：-11°			

症状／怪我	医薬品	その他	コメント
フレンケル、足の怪我 ストリンドベリの足が「おかしい」		北西の風にもかかわらず、半日は北へ漂流 アンドレーもストリンドベリもなにも記していない	厳寒！
フレンケル、足の怪我 ストリンドベリの足が「おかしい」		食料の目録作成。食料不足。この割り当てで、あと３週間は食料が足りることを３人は願っている アンドレーもストリンドベリもなにも記していない	３週間以内にアザラシかホッキョクグマを仕留められなければ（仕留められる保証はまったくない）餓死することになる。冬が来る前に陸地にたどりつくことはできないと悟る。氷盤上で越冬を試みるしか道はない
フレンケル、足の怪我。ストリンドベリの足については記述がないが、４日から16日までのあいだには回復していないものとみられる			３人は食料の状況を心配している。最後にホッキョクグマを仕留めてから、もう数週間経っている
フレンケル、足の怪我		アンドレーがアザラシを仕留める。おそらくワモンアザラシ（１頭目）。これで３週間分の食料が得られたと計算する アンドレー「アザラシはどの部位も~~焼くと~~ひじょうに美味。とくに肉と脂身が良い」	３人は、アザラシの腸（ボツリヌス症の原因になりうる）も肝臓（ビタミンA過剰症の原因になりうる）も食べている
フレンケルはまだ足を痛めている		ストリンドベリ「氷盤の上にとどまることを決めた」*	*日誌によれば、アンドレーはすでに９月12〜13日には決意を固めていたようだ

日付	天候	食事	運動	精神状態
1897.9.12	気温：-8.9° 風：北西7.6m/秒、のちに10.2m/秒 実感温度：-18～-19°		アンドレーによれば、この日から、激しい風のため徒行をやめた ストリンドベリによれば、徒行をやめたのはこの翌日	
5．氷盤上で静止。越冬用の小屋をつくる				
1897.9.13	風：北西12～15m/秒 降水：*	食料の割り当て：メリンズ・フード200g、または湿ったパン75g、またはそれに相当する量。肉400g。コーヒー30g、ラクトセリン・ココア30g、スタウファーの粉40g、ブイヨンカプセル２つでつくった温かい飲みもの、１日あたり２種	風と雪のため静止	アンドレー「……けられない状況をけ入れる必要性を、最終的に理解した。つまり、氷上で越することである。われわれの位置は良とは言いがたい」
1897.9.14	気温：-2.7° 風：北西9.4m/秒 実感温度：-10° 降水：10*	食料の割り当て。ホッキョクグマ肉が残り少ない	氷盤上に静止	
1897.9.15	気温：-3.8° 風：北西7.1m/秒 実感温度：-11° 降水：10	アンドレー「アザラシの皮と骨以外はすべて食べた。胃、胃の中身、腸、肝臓も例外ではない。ちなみに胃の中身はほとんど空になった~~甲殻類の~~殻ばかりだった」	氷盤上に静止	３人は食料の状況を心配している アンドレー「アザシをざっと20頭ど仕留められれば決するだろう」
1897.9.16	気温：-5° 風：西6… 実感温度：-12° 降水：10*	アザラシ、骨と皮以外はすべて食べる	氷盤上に静止	

症状／怪我	医薬品	その他	コメント
アンドレー「フレンケルの足の怪我はまだ治らず、あと１～２週間はかかりそうだ」 ストリンドベリ、両足を痛める		陸地が見えた！　とはいえ、クヴィト島に上陸するつもりはまだない。島は巨大な氷河に覆われていて、上陸できるように見えないのだ。まだ地図上にないこのクヴィト島を、アンドレーは“ニュー・アイスランド”と呼んでいる アンドレー「陸地にクマの姿が見えた。[……] 氷河までの距離はおそらく10kmほど」	クヴィト島にはホッキョクグマがいる
		国王オスカル２世の即位25周年記念日 アンドレーがアザラシを仕留める（２頭目） ３人がいる氷盤は、漂流してクヴィト島のそば、東側を通過していく。３人には１日じゅう島が見えている（アンドレーはこの島をニュー・アイスランドと呼び、ほかのふたりはホワイト・アイランドと呼んでいる）	ここまでずっとワインやポートワインを運んでいたのか！　ワインは凍っていなかったのだろうか？
		アンドレーがアザラシを２頭仕留める（３頭目と４頭目）。さらに“ストールコッベ”と彼らが呼んでいるもの〔いまでいう“ストールセール”、アゴヒゲアザラシ〕も1頭仕留める（１頭目） フレンケルがゾウゲカモメを１羽仕留める。ストリンドベリが１発でゾウゲカモメを４羽仕留める。「気晴らしに最適」 アンドレーも、クヴィト島のことをホワイト・アイランドと呼びはじめる	*つまり、これまでは将来の見通しにあまり希望を抱いていなかったということだ まだ雪の家を急いでつくろうとはしていない。ストリンドベリは、家の中で３人が寝る予定のスペースを“窯”と呼んでいる。つまり、この中で寒い思いはしていない

日付	天候	食事	運動	精神状態
1897.9.17	気温：-3° 風：北西5.2m/秒 実感温度：-9° 降水：10 軽い降雪 クヴィト島が見える	アザラシの次の部位を食べる：脳、腸、肝臓、肺、肉、脂身、腎臓、心臓、胃、胃の中身、血	氷盤上に静止	アンドレー「野生動物が射程内に現れなくなったのは心配だ食料の備蓄を近々、大幅に増やすことができなければ、持ちこたえられる見込みはない。[……] それでもわれわれの精神状態は比較的良好で冗談を言ったり笑いあったりすることも珍しくない。[……] 若い仲間ふたりは、私が願っていた以上に頑張ってくれているここ数日、かなりの速さで南へ漂流しているという事実も、おそらく気力の維持に大きく寄与している」
1897.9.18	気温：-3° 風：北西2.1m/秒 実感温度：-6° 降水：10	祝宴の日。アザラシ肉とゾウゲカモメ肉をバターとアザラシ脂で焼いたステーキ、アザラシの肝臓、脳、腎臓。バターとシューマッハー・パン。ワイン。ラクトセリン・ココアにメリンズ・フードの粉。“アルバート”ビスケットとバター、スタウファーのレーズンケーキにラズベリーシロップソース。国王からの贈り物であるポートワイン《アントニオ・デ・フェラーラ》1834年もの。バターとビスケットに、ボーストレム・チーズ。ワイン1杯	氷盤上に静止	アンドレー「最高の雰囲気、満腹で充足して就寝」 ストリンドベリ「祝宴」
1897.9.19	気温：-5° 風：南東0.8m/秒 実感温度：-5°	フレンケルが、アザラシの血300g、しっかり切り刻んだアザラシの脂肪150g、小麦粉10g、塩とイースト粉少々で、とても美味しいパンケーキをつくった。アンドレー「アザラシ肉と脂ばかり食べるようになってから、少なくともはじめの数日、Sと私はパンケーキに~~嫌~~何度か嫌悪感を抱いていたものだが、ついにそれがなくなった」	氷盤上に静止。ストリンドベリが雪の家をつくりはじめる	上機嫌。計算によれば、食料の備蓄は月末までもちそうだ アンドレー「昨日はこれから続く~~幸運~~喜ばしい日々の、最初の1日であったように思える。はるかに大きな希望を持って将来を見通せるようになってきた」*

症状／怪我	医薬品	その他	コメント
		フレンケルがホッキョクグマを1頭仕留める（12頭目）。鳥も1羽仕留める（おそらくシロカモメという種類）。食料はこれで4月まで足りるだろうと計算する。フレンケルが獣脂ランプをつくるが、あまりうまく機能しない アンドレー「肉や脂がたくさん手に入ったため、夜中にクマがやってきた場合にそなえるのが難しい。［……］家を整えることこそ、この寒さの中にあって火急の課題である」	*前日には将来に大きな希望を抱いていたにもかかわらず、この日には喧嘩をしている アンドレーが、ホッキョクグマの「りっぱな皮」を手に入れたと記している。なんに使うつもりだろう？　仕留めたホッキョクグマの毛皮を家に引っぱりこんで、その上で寝るつもりだったのだろうか？
全員が疲労		ストリンドベリ：「クマ」*	*おそらく9月20日に仕留めたホッキョクグマを指している フレンケルも家づくりに協力するようになった。ホッキョクグマが夜中にやってくることを恐れているのだろうか？
		ストリンドベリがアザラシを仕留める（5頭目）。ゾウゲカモメも数羽仕留める	
		アンドレー「明後日には備蓄を中に入れられるだろう。そろそろ必要なことだ」（肉の備蓄がホッキョクグマを惹きつけるので、なるべく早く家の中に入れなければ、という話）	*3人は、ホッキョクグマの肝臓が毒であることは知っているが、アザラシの肝臓も毒であることは知らなかったようだ。アゴヒゲアザラシ（彼らは“ストールコッベ”と呼んでいる）の肝臓を、9月19日から23日までのいつかの時点で、初めて食べている 夜中にホッキョクグマが来ることを恐れるようになっている

日付	天候	食事	運動	精神状態
1897.9.20	気温：-3.5° 風：南東3.6m/秒 実感温度：-8°	スープ（アザラシ肉400g、アザラシ脂150g、メリンズ・フード50g、残りは水）。シューマッハー・パンに獣脂を塗ったもの。生焼けのホッキョクグマ肉ステーキ。血入りパンケーキ（ホッキョクグマの血275g、ホッキョクグマの腎脂200g、小麦粉10g、塩とイースト粉少々）。コーヒー 調理用の携行ストーブがときどきうまく機能しない。アンドレー「予備の部品を〔ダンスク島の〕パイクの家に置いてきてしまったのは不幸なことだ！」	氷盤上に静止。ストリンドベリが雪の家をつくる	アンドレー「……われわれの軋轢の端緒があらわになったことは事実だが。しかし私は、この種が芽吹いて育ってしまわないことを願っている」*
1897.9.21	気温：-2.8° 風：北東4.5m/秒 実感温度：-8°	アザラシの血入りパンケーキ。凍った血275gを、少々のイースト粉と塩、塩水大さじ3、肉片200g、アザラシ脂150gと混ぜてつくったもの。8分後には食べられる状態になったが、それよりも長い時間をかけて焼いた。（「ひじょうに美味」とアンドレー）	氷盤上に静止。ストリンドベリとフレンケルが雪の家づくりを続ける	
1897.9.22	気温：-2° 風：北東2.6m/秒 実感温度：-6° 降水：10* 視界：濃霧		氷盤上に静止。雪の家づくりを続ける	突然、氷盤が割れる音が聞こえたと思いこむ（実際には割れていない） アンドレー「……つくった家の真下だに思われた。暗礁に乗りあげたのではないかと心配だった」
1897.9.23	気温：-4.2° 風：東0.7m/秒 実感温度：-4.2° 降水：10mm	“ストールコッベ”（アゴヒゲアザラシ）の肉を食べる（美味） アンドレー「調理法のうえで最良の改善点は、焼いたあとの脂に血を混ぜてソースをつくるようになったことだ。これでとろみが出て、パンを添えているかのような味がする。クマ、ストールコッベ、アザラシ、ゾウゲカモメ、いずれの部位も食べられるとわかった（クマの肝臓はもちろん除く）」*	氷盤上に静止。3人とも雪の家づくりに参加している	アンドレー「……冬~~の終わり~~まで足りる量の肉や脂を確保できたと思う。だが、食料の割り当てを増やし、燃料や明かりもさらに手に入れるには、やはりもっと仕留める必要がある」

症状／怪我	医薬品	その他	コメント
		夜中、ホッキョクグマが野営地に現れる。アンドレー「クマは２度にわたってストールコッベを引きずっていこうとした。[……] Ｓがクマに近づいて驚かせ、獲物を手放させることに成功したが、そうでなければあのまま失っていたことだろう」	ストリンドベリは、ホッキョクグマを驚かせて追い払うため、近くまで行くことをためらっていない
		夜中、ホッキョクグマが野営地に現れる 探検隊はいま、クヴィト島の南側にいて、島の南端を迂回する形で潮の流れに乗って西へ漂流している	
全員が疲労		３人全員が同じホッキョクグマを撃つ（13頭目）。大きな年老いた雄 アゴヒゲアザラシはまだ野営地に残っている アンドレーが島をまたニュー・アイスランドと呼ぶ アンドレー「われわれの氷盤は、雪の家のそばで、心配になるほどの速さで縮んでいる」	３人はホッキョクグマが来るのを恐れ、未完成の小屋に入る 肉を家の中に入れるのは、自分たちの身を守るためであって、備蓄を守るためではない

日付	天候	食事	運動	精神状態
1897.9.24	気温：-1.8° 風：北3.3m/秒 実感温度：-6° 降水：10* 視界：濃霧		氷盤上に静止。雪の家づくりを続ける	
1897.9.25	気温：-1.8° 風：北8m/秒 実感温度：-9° 降水：10*		氷盤上に静止。雪の家づくりを続ける	
1897.9.26	気温：-0.5° 風：北5.5m/秒 実感温度：-6°		氷盤上に静止。雪の家づくりを続ける	
1897.9.27	気温：-2° 風：北5.0m/秒 実感温度：-7° 降水：雨		氷盤上に静止。雪の家づくりを続ける	
1897.9.28	気温：-2.2° 風：北3.9m/秒 実感温度：-7°		雪の家づくりを続け、未完成にもかかわらず中に入る	
1897.9.29	気温：-1.2° 風：南3.3m/秒 実感温度：-5°	ホッキョクグマ	氷盤上に静止。雪の家づくりを続ける	アンドレー「だが、クマが来た。[……クマから身を守る め、肉は中に入れ いといけない」
1897.9.30	気温：-7.1° 風：北2.1m/秒 実感温度：-11° 視界：層積雲（まだら雲）	ホッキョクグマ	氷盤上に静止。雪の家づくりを続ける	

症状／怪我	医薬品	その他	コメント
		荷物や、肉の備蓄、その他の食料が、いくつもの氷盤に散らばる	２週間かけて建てた家が破壊された。これでふたたび、ホッキョクグマから身を守るすべはなくなった *急いで作業を進めることができたとなると、さして衰弱しているわけではなさそうだ
			*この記述は10月３～４日を指したもので、19世紀の言葉遣いでは、ハラハラドキドキするという意味ではなく、文字どおり、不快で苦しい状況ということだ
		クヴィト島南端の小さな海岸、３人が“低地”と呼んでいる場所に、上陸が可能かどうか検討しはじめる	氷上での最後の日

日付	天候	食事	運動	精神状態
1897.10.1	気温：-4.4°、のち-10° 風：2.3m/秒 実感温度：-8°～-15° 降水：10	ホッキョクグマ	氷盤上に静止。雪の家づくりを続け、10月2日の完成をめざしている	アンドレー「良い日。夜は願ってもいほどの、えもいれぬ美しさだった」
1897.10.2	気温：-9° 視界：晴天、日照	ホッキョクグマ	氷盤上に静止	突如、氷盤が割れ、雪の家が壊れて水流れこんでくる。ンドレー「われわの状況と今後の見しは大きく変わっ家も氷盤もわれわを守ってはくれなしかしながら、少くともいまのとこはここにいるしかい。[……] 急いで業を進めることがきた*。だれも気を失っていない」
1897.10.3	気温：-6.2° 風：北0.9m/秒 実感温度：-6.2° 降水：層積雲／高積雲（まだら雲/ひつじ雲） フレンケルによる最後の記述		氷盤上にとどまる。食料や荷物を集める作業	ストリンドベリ「詰まる状況」*
1897.10.4			氷盤上。仕留めた動物の皮を剥ぐ	「息詰まる状況」

10月5日：探検隊、クヴィト島に上陸

3人は氷上を離れ、クヴィト島に上陸する決心をする。氷盤の上で死んだら、だれにも見つけてもらえない。

風速により調整した実感温度

風が吹くと、温度計が示している気温以上の寒さを感じる。わたしはフレンケルが残した気温の記録を、気象観測日誌の内容をもとに計算しなおした。

	風速					
測定された気温	**0 m/秒**	**5 m/秒**	**10 m/秒**	**15 m/秒**	**20 m/秒**	**25 m/秒**
-0 ℃	-0 ℃	-5 ℃	-7 ℃	-8 ℃	-9 ℃	-10 ℃
-2 ℃	-2 ℃	-7 ℃	-10 ℃	-11 ℃	-12 ℃	-13 ℃
-4 ℃	-4 ℃	-10 ℃	-12 ℃	-14 ℃	-15 ℃	-16 ℃
-6 ℃	-6 ℃	-12 ℃	-15 ℃	-17 ℃	-18 ℃	-19 ℃
-8 ℃	-8 ℃	-15 ℃	-18 ℃	-19 ℃	-21 ℃	-22 ℃
-10 ℃	-10 ℃	-17 ℃	-20 ℃	-22 ℃	-23 ℃	-25 ℃
-12 ℃	-12 ℃	-20 ℃	-23 ℃	-25 ℃	-26 ℃	-27 ℃
-14 ℃	-14 ℃	-22 ℃	-26 ℃	-28 ℃	-29 ℃	-30 ℃
-16 ℃	-16 ℃	-25 ℃	-28 ℃	-30 ℃	-32 ℃	-33 ℃
-18 ℃	-18 ℃	-27 ℃	-31 ℃	-33 ℃	-35 ℃	-36 ℃
-20 ℃	-20 ℃	-30 ℃	-34 ℃	-36 ℃	-38 ℃	-39 ℃
-22 ℃	-22 ℃	-32 ℃	-36 ℃	-39 ℃	-40 ℃	-42 ℃
-24 ℃	-24 ℃	-35 ℃	-39 ℃	-41 ℃	-43 ℃	-45 ℃
-26 ℃	-26 ℃	-37 ℃	-41 ℃	-44 ℃	-46 ℃	-48 ℃
-28 ℃	-28 ℃	-40 ℃	-44 ℃	-47 ℃	-49 ℃	-50 ℃
-30 ℃	-30 ℃	-42 ℃	-47 ℃	-50 ℃	-52 ℃	-53 ℃

日誌に書かれているのは、つきつめればこういうことだ――アンドレー、ストリンドベリ、フレンケルは、ひっきりなしに足をすべらせて、氷のとけた水たまりやら、氷の割れ目やらに落ち、体を冷やしている。氷まじりの水の中を歩いているため、足が濡れている。荷物を入れたかごにも水がしみこんでいて、濡れた荷物を載せたそりは、乾いた荷物を載せたそりに比べると、はるかに重い。三人とも疲労がひどく、それを絶えず日誌に書き記す価値があるとも思っているようで、九度にわたって疲労困憊と記している。三人とも洟水が出ており、八月の初めには「慢性のカタル状態」との記述がある。数週間後、アンドレーがまた風邪をひいたことを記している。

三人は何度も消化器の不調に悩まされた。腹痛や下痢がおさまるよう、モルヒネやアヘンを摂取している。アンドレーは激しい下痢に苦しみ、そのことを日誌に五度書いている。下痢のあいまに便秘があり、こちらについては四度記されている。フレンケルの下痢は、氷の上を歩きはじめてから早い段階で始まったようで、八月中、四度にわたって言及がある。フレンケルは腹痛にも繰りかえし見舞われていて、九月九日の日誌の記述から、彼がこの日までほぼずっと腹痛を訴えていたことがわかる。ストリンドベリも下痢を起こしていて、八月中旬にその旨が書かれている。このように、三人とも消化器の不調に悩まされてはいるが、だからといってこれが死に至る病気の兆候であるとはかぎらない。ホッキョクグマやアザラシの内臓を生で食べたり、加熱しきれていない肉を食べたりしているのだ。こういうものは細菌だらけだから、だれでも腹を壊すだろう。三人は痛みや下痢をやわらげるためにアヘンやモルヒネを摂取し、そのせいで便秘を起こしたりもしている。

だれよりも苦しんでいたのはフレンケルのようだ。彼はだれよりも重い荷を引いて歩いてもいた。フレンケルのそりの上に、荷物を満載したボートがくくりつけられていたからだ。はじめは二百十キロもの重さを引きずっていた。出発前の評判では、フレンケルがもっとも体力のあるメンバーということになっていて、探検隊への志願書にも〝健康かつ頑強な体躯、困難な地形での重労働や徒行に慣れている〟と本人がみずから記している。が、五年前に坐骨神経痛のため手術を受けて入院し、そのせいで軍人としてのキャリアをあきらめざるをえなかった、という事実には触れていない。フレンケルは腹を壊して弱っていただけでなく、足の痛みにも見舞われ、そりを引いて歩くのが困難になった。アンドレーは八月半ば、フレンケルの足の怪我（左足）に初めて言及している。原因については記されていないが、はじめのうちはマッサージで痛みをやわらげることができたようだ。怪我は徐々に悪化し、フレンケルは自分のそりを引いて歩くことがまったくできなくなってしまった。彼の足の怪我については、日誌に十度も記されているので、探検隊に大きな影響を及ぼしたのだろうと推測される。

八月、フレンケルが筋痙攣を起こす。おそらく脚が攣ったということだろう。アンドレーが脚を押さえてやっていると、フレンケルが激しく引いたため「ひざの関節が脱臼した」とある（人が自力で脚を引いた結果、ひざの関節が脱臼することはない。だが、ひざをねじってしまって膝蓋骨が脱臼することはある）。八月九日、氷の上を歩きはじめてから一か月も経っていないころに、アンドレーはフレンケルについて「気力があまり残っていないように見える」と書いている。十九世紀の文章では言いたいことをあまり直接的に書かないのがふつうで、しかも日誌ははじめから後世に読まれることを想定して書かれているものなので、これは〝フレンケルが完全に正気を失った〟の遠回しな表現だろうと推測できる。九月、フレンケルの片方の足（おそらく左足）に水ぶくれができた旨の記述がある。日誌には一度だけ、フレンケルの目に不調があったことが記されていて、その症状は雪盲とも解釈できる。

ストリンドベリも足の不調に悩まされた。八月半ばに足指の痛みについての記述がある。靴ずれによる痛みだろうか？　ブーツがきつすぎた？　二日後、ストリンドベリは筋痙攣を起こす。どこが攣ったのかは記されていない。八月末、足の怪我が初めて言及される。数週間後、また足の怪我についての記述がある。数日後、ストリンドベリは両足の痛みを訴え、このことは日誌に二度記されている。上唇に膿瘍ができたり、手に切り傷ができたりもしている。というわけで、ストリンドベリもフレンケルも足の痛みに苦しんでいるが、これがクヴィトヤ島で彼らが亡くなる原因となった病の兆候とはかぎらない。足の捻挫も水ぶくれも、極地探検ではよくあることだ。

凍傷についての記述はいっさいない（足の水ぶくれがその兆候だったとすればべつだが）。アンドレーが寒いと書いているのは三回だけだ。三人が発熱したという記述もいっさいない。

十月五日、三人はクヴィトヤ島に上陸する。十月八日、日誌の記述がすべて途絶える。クヴィトヤ島で書かれた最後の四ページは判読が難しい。紙がぼろぼろになっていて、断片的な単語が残っているだけだ。

１０月５日

五日の朝
前に言及し
われわれは　　*島の*
幸運にもわれわれは
そちらへ、そしてひとつ
していたその
私が*手伝い*
グリ　　　.　　時
氷河に沿って
氷河から
われわれの硬い
夜更けよりも
今日の精力的な作業
真夜中に
　　　　　南に
なぜなら入　の向こう
極光では*明る*
暖かく　　　ない。携行ストーブが
おか　　な　　ため
　く　と　　　　か
寝床　　もぐりこ　　は
でに
――私*の*　　　*生*日
われわれ~~そ~~はそ　　め
この付近
「Ｍ　　　　広場」と名付けた

通常の書体：判読可能な部分
斜体：判読できなくもない部分

１０月５日

ストリンドベリの手帳には「陸に移った」とある。

３人は、荷物を満載したそり３台と、ボート１台、大量のアザラシ肉やホッキョクグマ肉を氷盤上から島へ運ぶ。海岸のどこにテントを張ったのかはわかっていない。

今日の精力的な作業をこなすことができたのだから、身体的にひどく衰弱していたとは考えにくい。

アンドレーが日誌に記している以上、この日**携行ストーブ**になにかが起きたのだろう。食料を加熱できず、生で食べざるをえなくなったのだろうか？

クヴィト島でなにがあったについてかは、日誌の文章の穴をどう埋めるかによって、まったくちがった解釈ができる。

パリーン（『アンドレーの謎』著者）による解釈、１９３４年	ヘルゲソン牧師は１９３１年の『スヴェンスカ・ダーグブラーデット』紙で、やや陰鬱な解釈をしている
携行ストーブがまた**おか**しく**な**った**ため**、茹でることも焼**く**こ**と**もできな**か**った。われわれが**寝床**に**もぐりこ**んで眠ったときに**は**す**でに**翌日の朝になっていた ——**私の**母の誕**生日**だ。**われわれとは** **そ**のた**めこの付近**、新たな住まいのそばの一帯を、 「**ミ**—ナ・アンドレー**広場」と名付けた**	**携行ストーブが**暗闇の中でまったく見え**な**くなり見つけることができなかった。どこを見ても苦しみと暗闇ばかりだ——真夜中の暗闇の中で、私はこの日を ——**私の**人**生**でもっとも暗い**日**、と記す。 **われわれとはそ**のた**めこの付近**、新たな住まいのそばの一帯を、 「**真**夜中の暗闇の**広場」と名付けた**

ミーナ・アンドレーはアンドレーの母親である。アンドレーが出発する前の春に亡くなった。誕生日は１０月６日だった。

１０月６日

六日の昼
強い風のた
あまりできず
それでも試みに短い
最終的にわれわれは
。スウェーデン人
であるとい
に　　氷の
それがやがて興
でわれわれは~~見つけた~~高く
海から　　　見つけた
。地面はすべて
岩——グラ　　——砕けた岩
砂利の一部は
砂利~~の~~は部分的に
広がって　　大きな畝
い　　しかしそれは
に切れておりとても
沿って　　　全体
に　　　陸地を強く
それは　　　時
いて　　　暗闇の中で
い　　　ん雪の
家　　荷物の運
近く　　まで　　。これは
重　　　や　て　了した。

１０月６日

ストリンドベリの手帳には「吹雪、偵察」とある。（ストゥッベンドルフははじめ、判読が難しいこの〝偵察《レコグノセーリング》〟という単語を〝諦め《レシグナショーン》〟と解釈していた。）

３人はこの日、吹雪のため、テント内にとどまっているのだろうか？　偵察に出かけはしたようだ。地面が**砕けた岩**と**砂利**に覆われている、とアンドレーは書いている。つまりこの時点では、地面はまだ雪に覆われていない。

３人は**暗闇の中で**なにかしている——雪の家をつくりはじめたのだろうか？　**重**というのは、新たな野営地にそりを引き上げる重労働のことだろうか？

１０月７日

私はちょうど
恐れていた
雪をとも
そのと
それで
件が
河、　　い
踏み出していた
ひょっとすると
　　を見るため
氷河は
はじめ~~感~~考えていたより
もっと高~~そう~~いにちがいな
海　クマが見え、　　~~のぞ~~
が~~ニ~~われ　　　避け
以来姿を見せていない。キツネ　見
た。われわれの最大の天敵
モメ　　あ
われわれの野営　　肉
および　　　不快な
と互いとの　争と羨望
いまやその印象　　　　無垢な白
鳩ではな　　　残飯をあさる鳥
である。

１０月７日

ストリンドベリの手帳には「移動」とある。アンドレーの日誌によれば、そりを新しい野営地へ移動させたのは１０月６日のようだ。どちらが日付をまちがえているのだろう？

３人は新たな野営地にテントを張る。海氷の上にホッキョク**グマ**の姿を認める。**われわれの最大の天敵**はゾウゲカ**モメ**で、彼らは**あ**たりを飛びまわり、**われわれの野営**地や**肉**の備蓄のまわりを旋回している？　どうやら肉の備蓄も新たな野営地へ運んできたようだ。

パリーンの解釈	ヘルゲソンの解釈
私はちょうど住まいの移動に取りかかっていた。 **恐れていた**のは、嵐が、それも **雪をとも**なう嵐が来たら——実際昨日から **そのと**おりになっている——住まいが **それで**雪に埋もれてしまい、冬営地としての条 **件が**満たされなくなりはしないかということだ。	**私はちょうど**気力を失いかけていた。 **恐れていた**のは、われわれがこの悪天候と **とも**に力尽きてしまうことだ。しかし **その**ような惨事は実際には起きず、 **それで**凍えることも怪我をすることもなかった。

１０月８日

悪天候で、われわれは残念な
一日じゅうテント内にとどまる
木を
小屋の
なくていい
だ――以前は
海の上で
割れたりきしんだり
ジラと流木
少し体を動かしたい
せばだが。

１０月８日

パリーンの解釈	ヘルゲソンの解釈
８日は**悪天候で、われわれは残念ながら一日じゅうテント内にとどまる**ことになりそうだと考えた。それでも**木を**拾ってくることはした。**小屋の**屋根にするためだ。陸だとあの音を聞か**なくていい**のはほっとするもの**だ——以前は** 漂流する氷盤の上、**海の上で**ひっきりなしに氷の**割れたりきしんだり**する音、轟音が聞こえていた。これからク**ジラ**の骨**と流木を**拾ってきて、**少し体を動かしたい**と思う。天候が許**せばだが。**	引き続き**悪天候で、われわれは残念ながら一日じゅうテント内にとどまる**ことになりそうだと考えた。流**木を**集めてきたので、それで**小屋の**屋根をつくる。丸屋根にする作業をし**なくていい**ように**だ——以前は**そうしていたのだが。**海の上で**のことだ。海からはつねに氷の**割れたりきしんだり**する音、轟音が聞こえる。われわれはク**ジラ**の骨**と流木**をときおり集めている。**少し体を動かしたい**ものだ。天候が許**せばだが。**

どうやら**小屋**を建てようと計画しているようだ。そのためにク**ジラ**の骨**と流木**を集めているのだろうか？　野営地跡が発見されたときには実際、クジラの肋骨も流木もそこにあった。

アンドレーの最後の記述を読むかぎり、３人は体調を崩したり衰弱したりはしていないように思える。むしろテントから出て、**少し体を動かしたい**、と思っているようだ。

アンドレーの日誌はこれで終わっている。この３か月前、ダンスク島を発ったときから、彼は毎日欠かさず日誌を書いていた。クヴィト島に到着してからは、１日あたり１ページをきっちり文章で埋めているが、１０月８日はページの中央で書くのをやめている。こうして、すべての記述がここで途絶える。

ぼくの[redacted]へ。[redacted]十二時ごろに目が覚めたが、雨[redacted]テント内にとどまり、三時までうとうとしていた。それから起きあがり、ぼくがちょっとした食事をつくった（ラクトセリン・ココアとコンデンスミルク、ビスケット、具を載せたパン）。四時三十分、ぼくたちは出発し、ここまで四時間半、重いそりを苦心しつつ必死で引いて歩いてきた。相当に冷える、いやな天気で、水を含んだ雪が降り、霧も出ている。だが、気分は上々だ。今日はずっと、みんなでじつに感じのよい会話を交わしていた。アンドレーがこれまでの経歴について、特許庁で働くようになった経緯などについて話してくれた。いまはフレンケルとアンドレーが先に行って偵察をしている。ぼくはそりの番をしつつ、こうして座ってきみに手紙を書いているというわけだ。

さて、故郷はいま夜で、きみはきっととても楽しい、気持ちのよい一日を過ごしたことだろう。そう願っている。ここでは毎日が同じように過ぎていく。そりを引いて歩いて食事をして寝る。一日の中でいちばん喜ばしい瞬[redacted]、寝そべって休みながら、幸せだった日々に思いを馳せるときだけれど、いまさしあたりの目標は越冬のための場所にたどりつくことで、そこならもう少しいい暮らしができるのではないかと思う。さて、ふたりが戻ってきたから、またそりを引いて歩く苦役の始まりだ。では、また《オ・ルヴォワール》。

8.

体の中へ

知られざる記録

ここにはもう、何度も来たことがある。アンドレー博物館の地下室、壁沿いに置かれた棚には、灰茶色をした中性紙ダンボールの資料ボックスがいっぱいに詰まっている。わたしはひたすら資料を読んでいるけれど、いったいなにを探しているのか、自分でもよくわからない。何千枚もの紙をめくっていく。キロ単位の重さになる手紙のやりとり。借用書。一八九五年、気球の球皮となる布を購入したときの、フランス語の領収書。紫色の紙で、何枚か写しがある。ニルス・ストリンドベリのむらのない優雅な筆跡で、鉛筆で書かれた、家族宛ての詳細な手紙。十九世紀の手書き文字を解読しようとしていると、だんだんめまいがしてくる。学校の成績表、祝宴のメニュー、ワクチン接種の証明書にまじって、タイプライターで文章の書かれた薄いA3用紙が十四枚見つかる。うっかり素通りしてしまうところだった。まぎれもない証拠物件が、意味のないものといっしょに保管されていると、まるでどの品の価値も変わらないように見えてしまう。わたしは標題を読む。読みかえす。なんということだろう、解剖の記録ではないか。アンドレー探検隊の遺体を解剖した記録。これまで死因を追究してきた人たちの中に、解剖記録に言及している人などひとりもいなかった。本に解剖記録の話が出てきた記憶はいっさいない。だれもこの書類を見ていないのだろうか?「S・A・アンドレー北極探検隊員の遺体調査記録」には、グンナル・ヘドレーンの署名が入っている。一九三〇年、カロリンスカ研究所で法医学・国家医学の教授を務めていた人物だ。

クヴィト島から戻ったブラトヴォーグ号は、トロムソの港に帰りついた。遺体の断片をおさめた箱が陸に移され、この町唯一の病院の地下室へ運ばれる。そこで、ノルウェー人とスウェーデン人から成る少人数の医師団が待ちかまえていた。その日のうちに解剖が始められる。ぼろぼろになった服を一枚ずつ、慎重にめくっていき、残っている身体組織や骨をあらわにする。服の状態を記録する——たとえば、ボタンがとまっていたかどうか。靴下の上にゲートルが巻いてあったかどうか。骨に残った傷、陥没、欠損、すべてを記録する。二日間にわたってあちこちを測り、パズルのように組み合わせを模索した結果、医師団は、クヴィト島で見つかったのはアンドレーとストリンドベリの遺体である、との結論を下す。ニルスの弟、トーレ・ストリンドベリが、ストックホルムからトロムソまではるばるやってきて、ニルス・ストリンドベリの遺骸の精査に協力する。彼は、前歯が少し、ななめに欠けていることから、兄の頭蓋骨を特定する。医師団は、フレンケルはクヴィト島に上陸することなく、海氷の上を移動中に溺れて亡くなったのだろう、と考える。解剖が終わってから二週間後、ストゥッベンドルフの船がトロムソの港に戻ってきて、クヴィト島から新たな箱を運んでくる。トロムソ海浜病院の地下室でまたもや解剖がおこなわれ、今回見つかったのはどうやらフレンケルの亡骸らしいと判明する。加えて、アンドレーの頭蓋骨、脊椎、骨盤、左の大腿骨も特定される。

解剖記録からわかったこと

［×］－骨に挫傷はみられない。骨折の跡もない。

［×］－小規模な損傷はいくつもみられ、小さく削れた骨の破片がなくなっている。完全に欠けている部位もたくさんあるが、このこと自体はさして妙ではない。ホッキョクグマが骨を持ち去った可能性もある。

［×］－骨が肥大したり歯が抜けたりするのは壊血病の典型的な兆候だが、そのような跡はいっさいなかった。

［×］－フレンケルは死亡時、靴も手袋も身につけていなかった。

［×］－アンドレーは上着のポケットにストリンドベリの所持品を入れていた。

［×］－アンドレーとフレンケルの頭蓋骨はどういうわけか、解剖の際に、鋸でまっぷたつに切断され、中を調べられている。ストリンドベリの頭蓋骨はそのままの形で残された。

［×］－遺体は三十年以上野外に放置されていた。ふつうなら一年ほどで完全に白骨化していたはずだ。が、多くの骨に組織が残って付着していた。ということはつまり、遺体はクヴィト島でほぼずっと、氷や雪に埋もれて凍結していたのだろう。フレンケルの頭蓋骨は、髪の毛のついた大きな皮膚片がまだ残った状態だった。ストリンドベリの服は、遺体の残骸がたくさん付着していたため、十回ほどすすいでからでないと洗濯できなかった。彼の長ズボン下をすすいでいるときに、ハート、十字架、錨のチャームのついたペンダントヘッドが見つかった。

［×］―突如、ある一文が目に入って、わたしははっとする。ストリンドベリの額に、十エーレ硬貨大の円形の穴があったというのだ。まさか、アンドレーとフレンケルがストリンドベリを射殺した⁉　一九三〇年の十エーレ硬貨は直径十五ミリ。探検隊が持参した弾薬の直径は、これに比べると小さすぎる（それぞれ三・二五、七・二、十一・四ミリ）。それに、記録では〝瑕疵〟という単語が使われているので、おそらくその穴は頭蓋を貫通していたわけではないのだろう。ホッキョクグマの爪や歯によってできた傷かもしれないが、だとしてもそれが死因とはかぎらない。ストリンドベリの体は石に覆われて埋葬された状態で発見されたが、頭だけがあらわになっていたからだ。頭蓋骨は墓から離れた地面で見つかっている。額の傷は死後についた可能性も大いにある。

［×］―記録のどこにも、医師団が遺体から組織サンプルを採取したという記述は見当たらない。死因をつきとめたいのであれば、ふつうは採取するものだ。この解剖の目的はむしろ、どの棺にどの骨をおさめればいいかをはっきりさせることだったのだろう。分析できる遺体のサンプルが少しでも残っていれば、たとえば致死量の鉛、モルヒネ、アヘンが含まれていないかどうか、いまからでも調べることができる。だが、このときの解剖で、そういったサンプルはいっさい採取されなかった。

クヴィト島で見つかったアンドレーの身体部位（解剖記録に基づく）

1．下顎を含む頭蓋骨は、野営地で、体から離れた場所で発見された。氷の中から頭蓋骨を掘り出したときに、右の側頭骨、および頭頂骨と前頭骨の右側の一部が割れた。それを除けば頭蓋骨に損傷はない。頭蓋冠の内側には、握りこぶしほどの大きさの、腐敗した脳組織の塊が残っている。

2．顔の左半分には、腐敗のかなり進んだ筋肉がまだ大量に残っている。上顎には頑丈な歯が十一本。下顎には頑丈な歯が十四本。どの歯にも損傷はなかったが、明らかにすり減ってはいる。

3．右の鎖骨の半分と、いくつかの肋骨の断片は、べつの場所で見つかった。これらの骨片がほんとうにアンドレーのものかははっきりしていない。アンドレーの脚が見つかった岩棚の上、そこに残っていた服の残骸の中から、肋骨の小さな断片が見つかっている。右腕と右手はない。

4．左の上腕骨は、アンドレーの脚が見つかった岩棚の上、そこに残っていた服の残骸の中から見つかった。骨に損傷はなく、軟部組織はなくなっている。骨の下のほうは袖の残骸に包まれていた。最上層が粗目のセーター、その下が青と白の縞模様のセーター、最下層が麻のシャツだった。

5．椎骨、骨盤、左の大腿骨は、テントを張っていた場所のすぐ外で見つかった。椎骨のうち、C1～3は見つかっていない。C4からL5（およびそれぞれの椎骨につながっている肋骨数本の断片）は、骨盤および左の大腿骨とともに、解剖学的に正しい形でつながっている。複数の椎骨の前面に、小さく浅い損傷が見てとれる。それを除けば、椎骨の保存状態はかなり良い。

6．仙骨を含む骨盤は脊椎とつながっている。右側の腸骨稜とその付近の腸骨に、比較的大きな損傷が見受けられる。仙骨の下部、四分の一が欠損しており、露出した面は海綿状（骨の内部にある多孔質の骨組織）で、骨が折れた場合に似ている。どちらの臼蓋窩（股関節で大腿骨の骨頭を受け止める碗状の構造）にも、かなり腐敗の進んだ、くわしく特定しにくい組織の残骸が付着している。

7．左の橈骨と尺骨は、テントから離れた野営地内で見つかった。尺骨の手に近いほうの端に、ごくわずかな損傷がある。橈骨の手に近いほうの端に、表面的な欠損が見てとれる。左手は見つかっていない。

8．右の大腿骨は、テントから離れた野営地内で見つかった。長さは五十一センチで、大腿骨頸部の上のほうに損傷がある。

9．左の大腿骨は、長さ五十一センチ、骨盤の左側の臼蓋窩とつながっている。この大腿骨には軟部組織が付着しておらず、損傷もない。骨盤と大腿骨のあいだの関節包はそのまま残っている。

10．右のひざから下、および右足は、長ズボン下、ズボン、嘴ブーツ（スキーを固定するため上向きになったつま先が嘴のように見えることから、この名がある。もとは先住民サーミ人の伝統的な靴）に包まれた状態で、テントを張った場所の上の岩棚で発見された。脛骨と腓骨は並んだ状態で見つかった。結合組織はなくなっている。腓骨の上端、骨頭のすぐ下に、小さめの損傷がある。脛骨頭の上部には、靭帯の残骸が少々残っている。

11．左のひざから下、および左足は、長ズボン下、ズボン、嘴ブーツに包まれた状態で、テントを張った場所の上の岩棚で発見された。脛骨と腓骨は並んだ状態で見つかった。結合組織はなくなっている。脛骨には、膝蓋骨の腱の残骸がまだ付着している。

12．右足は完全に脚からはずれている。足底筋膜はしっかり残っていて、足の骨をつなぎとめている。足の骨はすべて見つかった。うち複数に、腐敗した筋肉や靭帯の小さな残骸が付着している。踵骨にはアキレス腱の残骸がまだ付着している。

13．左足は完全に脚からはずれている。足の骨はすべて見つかった。うち複数に、腐敗した筋肉や靭帯の小さな残骸が付着している。

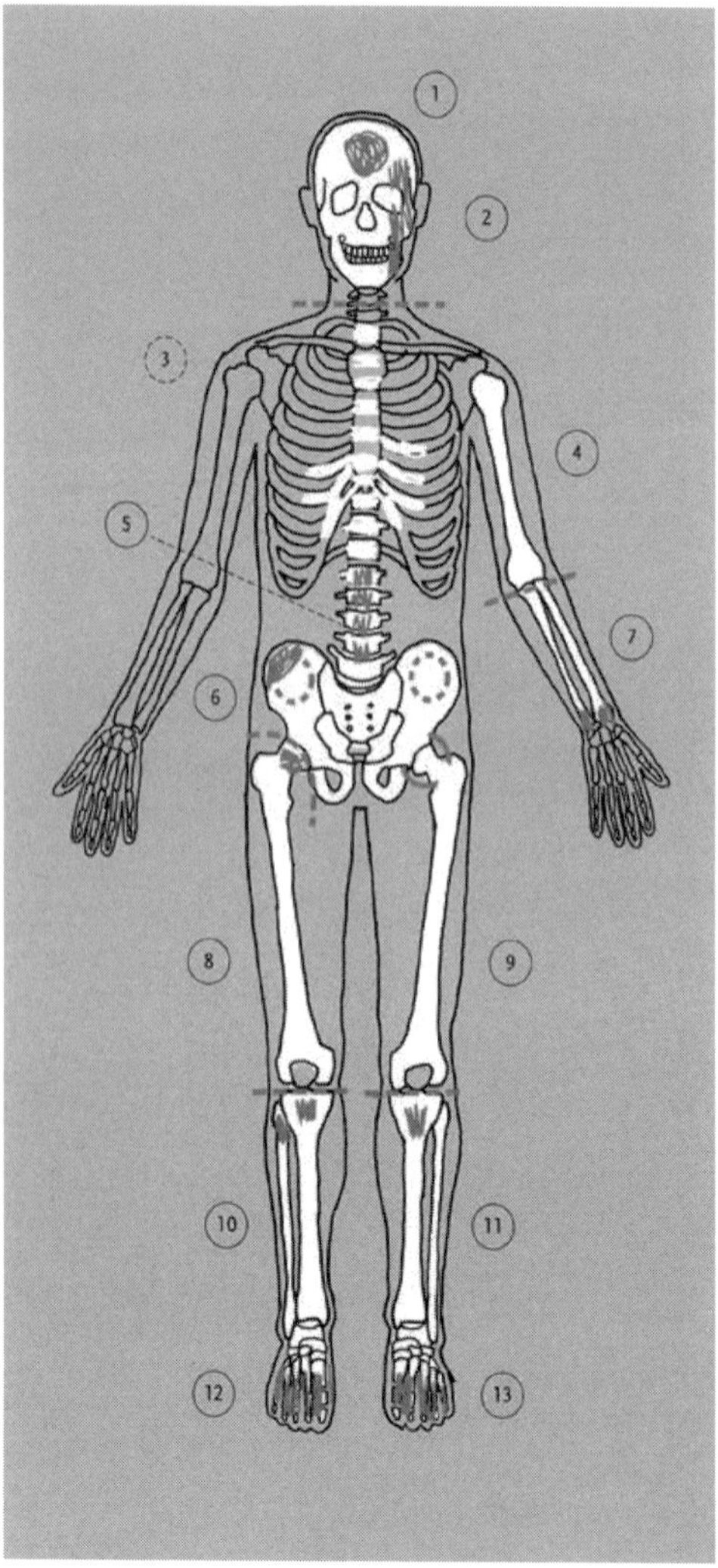

クヴィト島で見つかったストリンドベリの身体部位（解剖記録に基づく）

1．ストリンドベリの遺体は、テントを張っていた場所から二十八メートル離れたところで、岩と岩のあいだに横たえられ、石で覆われて埋葬された状態で見つかった。頭蓋骨と下顎骨は墓の外、体から二、三メートル離れたところで見つかった。頸椎はばらばらになっている。上位の頸椎がひとつなくなっている。

2．鎖骨はどちらもはずれて胸郭の中に落ちていた。左の肩甲骨は墓の上で見つかった。首や胸の臓器はなくなっている。右の肩甲骨は解剖学的に正しい位置で見つかった。

3．上のほうの肋骨が何本か椎骨からはずれ、ばらばらになって落ちていた。複数の肋骨は、それぞれ対応する胸椎と結合組織でつながっている。肋軟骨はなくなっている。肋骨と胸膜の左側とのあいだに小さめの筋肉の残骸がいくつかあり、形の崩れた胸郭内で茶黒色のどろりとした塊となっている。胸骨の各部は胸郭の中、椎骨の上に落ちていた。

4．右の上腕骨は胸郭の脇、解剖学的に正しい位置で見つかった。

5．左の上腕骨は胸郭の左側にあった。ほかの骨との結合組織はなくなっている。

6．上のほうの胸椎はばらばらになっており、ひとつがなくなっている。ほかの胸椎および腰椎はつながって脊椎をかたちづくっている。

7．右の橈骨と尺骨は胸郭の脇、解剖学的に正しい位置で見つかった。

8．仙骨を含む骨盤と、ほかの骨との結合組織はなくなっている。小骨盤の内部には、腐敗した腹部内臓・骨盤内臓の残骸があり、黒灰色でどろりとした、子どもの頭ほどの大きさの塊となっている。恥骨の両側には、黒茶色のちぢれた毛が少し残っている。服を脱がせようとしたところ、腐敗した筋肉がズボン下の内側に付着したまま離れない。

9．腹部は縦に縮んでいて、いちばん下の肋骨と骨盤とのあいだの距離がふつうよりもはるかに短い。横隔膜の左半分が大きく残っている。

10．左の橈骨と尺骨は胸郭の左側、下端のあたりに並んで見つかった。結合組織はなくなっている。左前腕の骨のすぐ先に手首の骨がいくつかあり、ばらばらになって散らばっていたこれらの骨とともに、アンナ・シャーリエと内側に刻印された金の指輪が見つかった。中手骨と指はなくなっている。

11．右手は、胴体の中央部、肋骨縁のあたりで見つかった。第二、第三、第四中手骨、および人差し指、中指、薬指の指骨は、すべて見つかった。中手骨は互いに、およびそれぞれ対応する指とつながっている。人差し指には爪が残っている。人差し指、中指、薬指の骨は、まだ残っている組織でつながっている。その組織はべとついていてやわらかく、汚く茶色がかった灰色に変色しているが、構造はそのままはっきりと保たれているのがわかる。手のそばには、爪のついた状態で手からはずれた親指と、第五中手骨、手首の骨が落ちていた。

12．右の大腿骨は、軟部組織がなくなっており、ほかの骨とは結合組織でつながっていない。

13．左の大腿骨は、軟部組織がなくなっており、ほかの骨とは結合組織でつながっていない。

14．右のひざから下の骨は、右足とともに見つかったが、遺体を氷の中から掘り出したときに、ひざのやや下で折れてしまった。このため、脛骨と腓骨の上部三分の一が欠けている。脛骨と腓骨は、腐敗のかなり進んだ筋肉に包まれている。

15．左の脛骨と腓骨は結合組織でつながっていない。

16．右足は脚とつながっていない。足を構成する骨はばらばらになっている。これらの骨には、腐敗した筋肉や靭帯の小さな残骸が付着している。

17．左足は脚とつながっていない。足を構成する骨は大半がばらばらになっている。これらの骨には、腐敗した筋肉や靭帯の、大小さまざまの残骸が付着している。

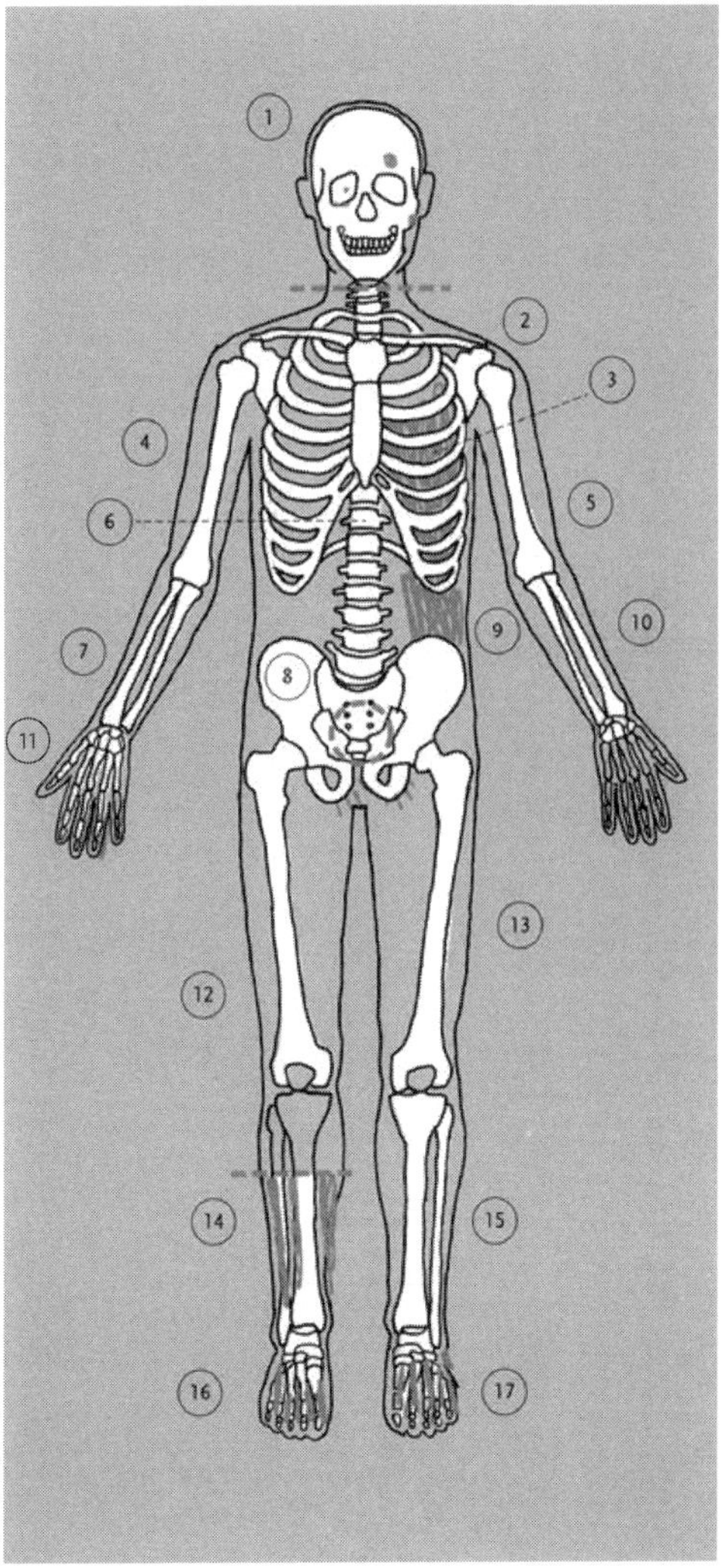

クヴィト島で見つかったストリンドベリの頭蓋骨（解剖記録に基づく）

頭蓋骨と下顎骨は、ストリンドベリの墓から二、三メートル離れた地面で見つかった。下顎骨は頭蓋骨からはずれていた。頭蓋骨の頭囲は五十六センチ。アンドレーとフレンケルの頭蓋骨についての記録と異なり、脳組織が残っていたとしても、それについてはなにも書かれていない。頭蓋骨は以下を除けば無傷だった。

1．前頭洞の前壁左側に、十エーレ硬貨大の損傷（一九三〇年の十エーレ硬貨の直径は十五ミリ）。
2．右の眼窩の底にわずかな損傷。
3．右の眼窩の縁と、その付近の上顎骨に、小さな損傷。
4．左の頬骨の突起に、大きさ一センチほどの損傷。
5．上顎の歯はほぼ揃っているが、右のいちばん奥の大臼歯だけがなくなっている。右側の前歯がななめに欠けている。下顎のほうでは、右の前歯の一本目と二本目、および左の前歯の一本目がなくなっている。それを除けば下顎の歯も揃っている。上下のどの歯もしっかりしていて真っ白だ。上下とも、大臼歯や小臼歯のいくつかの噛み合わせ部分に詰め物がある。

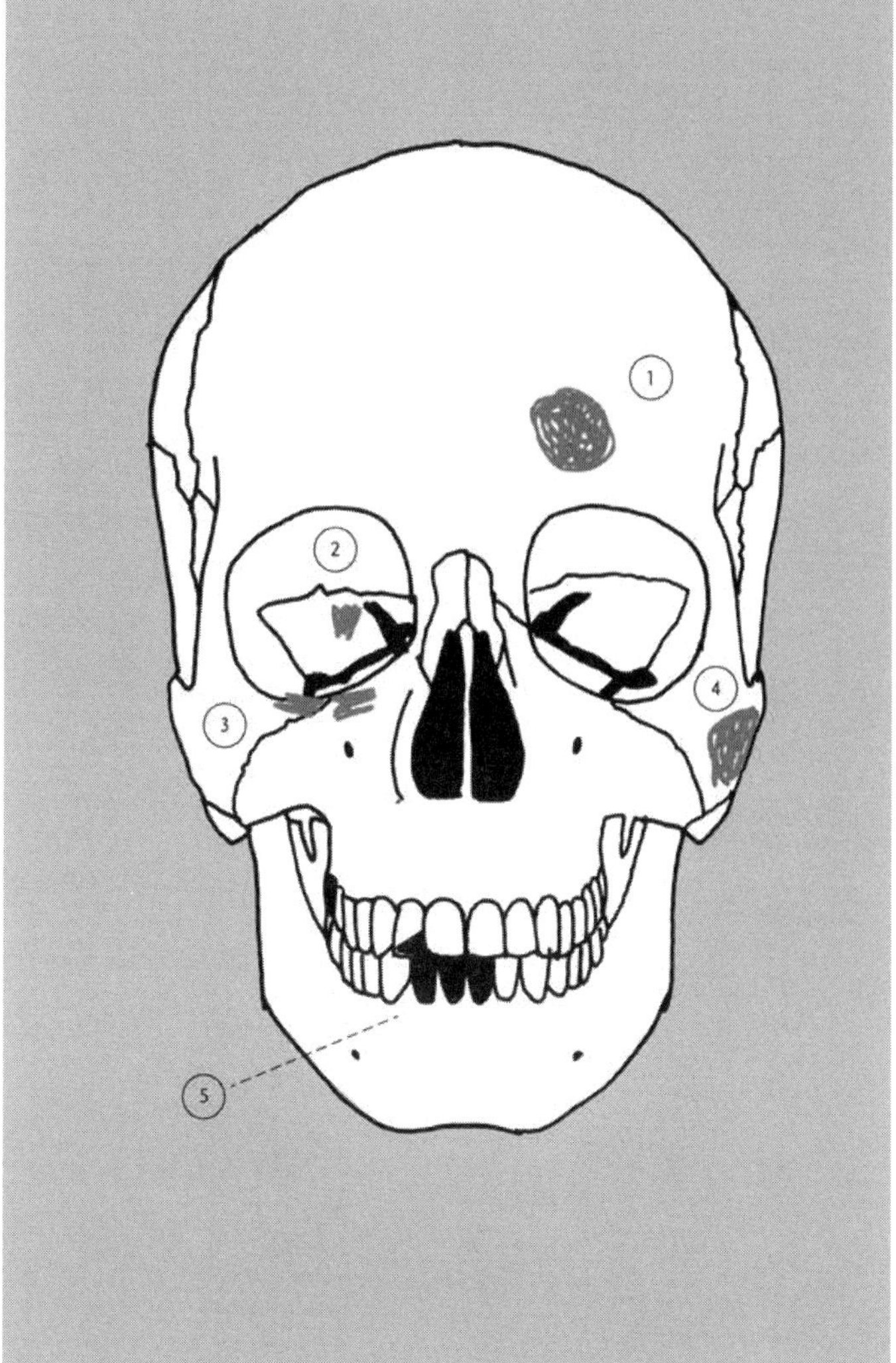
1
2
3
4
5

クヴィト島で見つかったフレンケルの身体部位（解剖記録に基づく）

1．フレンケルの上半身は、テントの張られていた場所で、左側を下にして横たわり、左腕を曲げて頭の下に入れた状態で発見された。頭蓋骨、胸椎、肋骨の断片いくつかと、左腕、左手がつながっている。頭蓋骨に大きな損傷は見られない。頭囲は五十四センチ。頭蓋冠の中には、オレンジほどの大きさにまとまって腐敗した脳組織の塊がある。

2．上顎にはしっかりとした歯が十五本。下顎には歯が十三本。どの歯にも損傷はなく、明らかにすり減っているところもない。下顎の右奥の関節突起が欠けており、断面がなめらかでないことから、折れたものと推測される。

3．べつの箱に、肋骨の断片がふたつ入っていた。この箱には頭皮も入っていて、手のひらほどの大きさの断片が二枚と、もっと小さな断片が複数あり、このうちいくつかには明るい茶色の髪の毛が緩く付着していた。頭皮は、氷に埋もれていた頭蓋骨を掘り出した際に、頭蓋骨から剥がれたようだ。

4．右の上腕骨は、体から離れたところ、テント外の野営地で発見された。骨は縞模様の亜麻布の袖に包まれていた。

5．左の上腕骨は、前腕の骨と結合組織でつながっていない。上腕骨の下半分は、かなりの量の腐敗した筋肉に包まれている。

6．フレンケルの服の中から、ばらばらになった胸椎が十個見つかった。肋骨の断片も七本見つかり、うち二本はそれぞれ対応する胸椎とつながったままだった。肩甲骨の片方と鎖骨の片方も見つかった。椎骨ひとつの背中側に、腐敗した筋肉が付着していて、その上に腐敗した脂肪組織と真皮も付着している。

7．左の橈骨と尺骨は、結合組織によってつながっていて、かなりの量の腐敗した筋肉に包まれている。
8．右の橈骨、尺骨、手はなくなっている。
9．仙骨を含む骨盤と、それにつながる腰椎四つ（L2〜L5）は、野営地から五十メートル離れたところで見つかった。椎骨L3に、L2の断片、下三分の一ほどがつながっている。椎骨L3〜L5はそれぞれ、前面にわずかな欠損がみられる。これらは靭帯でつながっている。恥骨の両方の前部上端に小さな欠損がいくつかあり、中の海綿状の骨組織（内側の多孔質の部分）があらわになっている。左の腸骨稜の前半分、とりわけ骨盤の内側のほうに欠損があり、なにかにかじられたように見えるが、腸骨稜の皮質骨（外側の比較的硬い骨組織）はほぼ残っている。仙骨の下部、三分の一がなくなっている。海綿骨（内部にある多孔質の骨組織）が表面に露出していて、断面はなめらかでなく、なにかにかじられたように見える。
10．左手は、靭帯および腐敗した組織で、前腕の骨とつながっている。手の骨はすべて揃っていて、腐敗した組織に包まれている。いくつかの指には爪が残っている。
11．右の大腿骨、脛骨、腓骨と足は、つながった状態で、テント外の野営地で見つかった。大腿骨頭は欠けている。大腿骨の下端は右脚のひざから下とつながっていて、ひざの内側と外側の靭帯が残っている。
12．左脚と左足は見つかっていない。
13．右足の骨のうち、中足骨は五本とも見つかっている。これらは、足首に近いほうの端に腐敗した軟部組織が残っており、それによって互いに緩くつながっている。足根骨のうちいくつかが、互いに、また中足骨とつながった状態で見つかっている。右の距骨はべつの場所で見つかった。足はブーツに覆われていなかった。

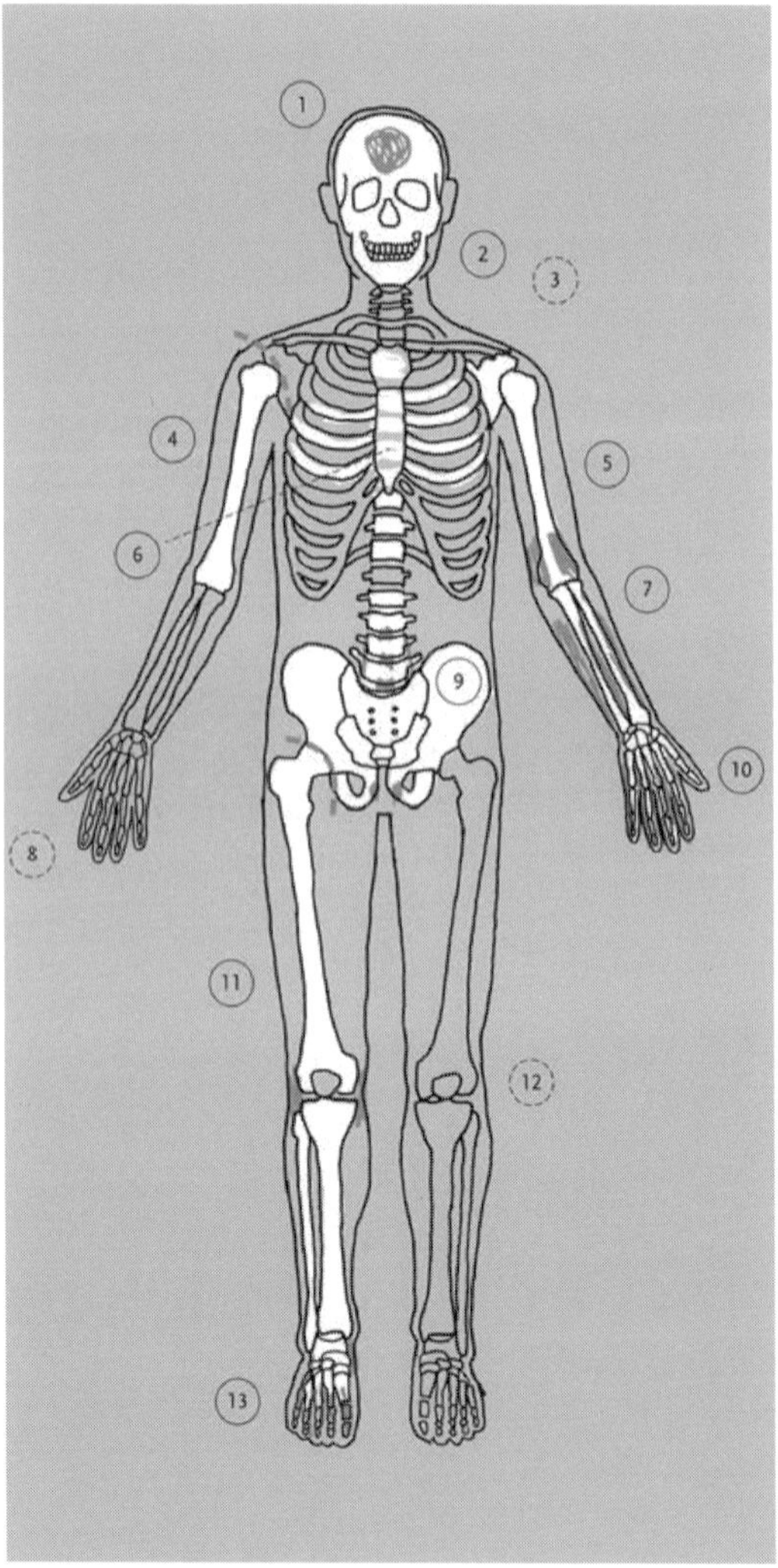
1
2
3
4
5
6
7
8
9
10
11
12
13

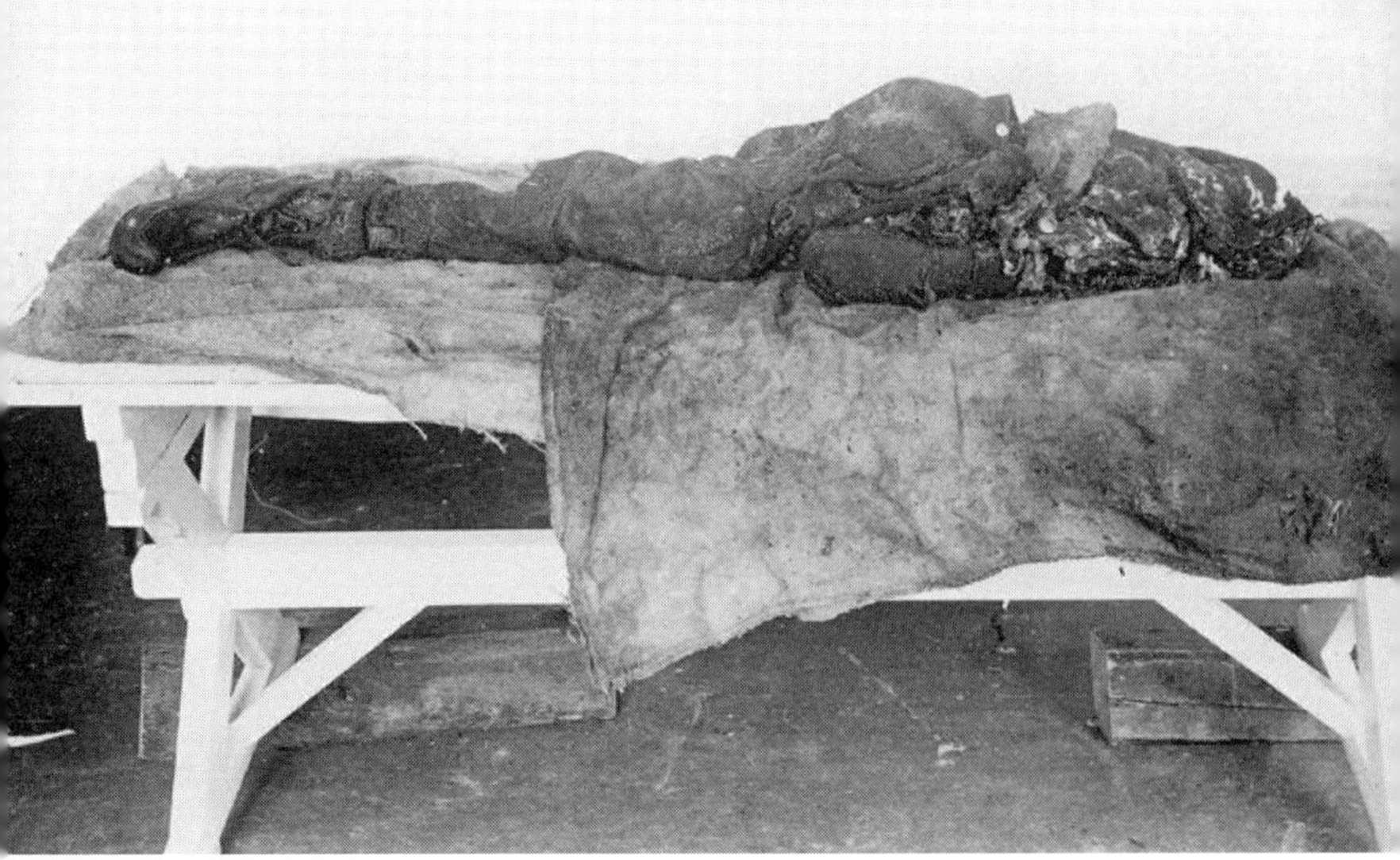
ニルス・ストリンドベリ（前面）

ニルス・ストリンドベリ（背面）

十一時三十分に目覚める
食事づくりと装備の整理
二時十五分、出発

氷の割れ目がじつに厄介で、割れ目をどう越えるかについて、アンドレーとぼくの意見が分かれている。[redacted]時、乏しい昼食、食事のあとは一、二キロメートル進めた。黄色がかった大きな氷丘（高さ四メートル）のそばでテントを張った。ぼくがエンドウ豆と乾パンとブイヨンカプセルとルソー印の肉粉でスープをつくった。

とてもよく眠れたのだが、アンナ、きみの夢を見て、それがなんともいやな夢だった。というのも、ある日曜日、アンナがストックホルムに来ることをすっかり忘れ、それで迎えに行かなかった、という夢だったのだ。夜になってからやっと思い出して、ヴァーサ通りに走っていってきみの許しを乞うた。ああ、まったく馬鹿馬鹿しい夢だよ。

サロモン・アウグスト・アンドレーの死亡時の服装	
上半身の服	下半身の服
服はぼろぼろになった状態で、ひとつの塊となって見つかった。灰白色および黄白色の、長さ五～十センチの硬い毛が、あらゆるところに付着していた 上半身の服は五層 最上層：紺色のブロードクロス（ウール）のジャケット ベスト 白いセーター 青と白の太い横縞模様のウールセーター 最下層：フランネルシャツ	最上層：ズボン。サスペンダーで吊っていたもので、留め金がひとつボタンに掛かったままだった 茶色いウールの厚手のズボン下 最下層：薄手のズボン下 灰色の毛糸のひざ当て 房飾りのついた黒灰色のゲートルが、ブーツの靴紐に固定されていた 左足：薄手のウールの靴下二枚と、すね丈の毛糸の靴下 右足：比較的厚手の靴下一枚と、毛糸の靴下 足にはブーツを履いていた

帽子、手袋
アンドレーの頭蓋骨を掘り出したとき、彼は帽子をかぶっていた。この帽子はクヴィト島に置き去りにされた。毛糸のミトン

所持品
ジャケットの内ポケット：鉛筆、歩数計、アンドレーの２冊目の日誌（４ページ半記述あり）。最後の記述は１８９７年１０月８日 ジャケットの外ポケット：アンドレーのクロノメーター、これには母の遺品である金のチェーンがついている。チェーンには、チャームが３つ――金のリング、ハート、アンドレーの両親の写真を入れたロケット。ラノリン（唇や手の荒れと凍傷に効く）のチューブ。ハンカチ ジャケットのもうひとつのポケット：アンナ・シャーリエの写真と髪の房を入れたロケットなど、ストリンドベリの所持品の入った財布。イノシシの形をしたチャーム、これもストリンドベリの所持品。いずれかの探検隊員の私物袋にかかっていた南京錠の鍵。スウェーデンの硬貨４．２５クローナ分、ノルウェーの硬貨０．５５クローネ分 ベストの中：ストリンドベリのクロノメーター、短くなった鉛筆 ズボンの右ポケット：マッチ箱、折り畳みナイフ、探検隊が持参した猟銃３挺のどれにも合う弾薬７つ

ニルス・ストリンドベリの死亡時の服装	
上半身の服	下半身の服
服は四層 最上層：厚手のブロードクロス〔ウール〕でできた紺色のベスト、裏地もウール。ボタンはとまっていなかった（ストリンドベリの遺体はジャケットを身につけていなかった） セーター、詳細は不明。解剖記録にしか言及がなく、その後の記録にはなにも書かれていない ウールのシャツ〔胸の部分とへりが縞模様の亜麻布〕 最下層：ウールの肌着 ジャケットは、丸めてベルトでくくった状態で、野営地で見つかった	最上層：ブロードクロス〔ウール〕の紺色のズボン 厚手のズボン下 最下層：薄手のズボン下 格子柄に編んだ厚手の長靴下 最下層：薄手のウール靴下 房飾りのついた黒いゲートル 干し草を詰めたブーツ
帽子、手袋	
ストリンドベリの白黒の格子柄の帽子は野営地で見つかった。手袋はしていなかった	
所持品	
ベストの左ポケット：ゴムの覆いをかぶせた鉛筆 ズボン下の中：チャーム３つ（ハート、十字架、錨）のついたペンダントヘッド １９３０年、ストリンドベリの（上半身の）服は、本格的な洗濯をおこなう前に、軟部組織を落とすため１０回ほどすすがれた。外側の布は藻類に覆われていた。服のたくさんの箇所にカビが生えていた。服は水とホルマリンで処理され、熱風の吹く乾燥室で乾かされた	

クヌート・フレンケルの死亡時の服装	
上半身の服	下半身の服
服は六層 最上層：灰茶色のウールのジャケット、これは裏地もウールで、黒と白の模様が入っている。ジャケットには毛皮の襟の残骸がついている 灰色の肌着 厚手のアイスランドセーター 緑の亜麻布の裏地のついた、ヴァドマル布の厚手のベスト 太い縞模様の亜麻布のシャツ 最下層：黒の細い縞模様の入った灰色の亜麻布の肌着	茶色いウールのスポーツ用ズボン（ひざ下丈） 最下層：長ズボン下 ズボンとズボン下はテント外の野営地で見つかった。これらの服のボタンはとまっていて、着ているときのままのようだった。どちらもぼろぼろになっていた。ズボンとズボン下の破れているところを照らしあわせてみると、その形は一致していた ゲートルは見つかっていない テント外の野営地で、フレンケルのものと思われるぼろぼろのブーツが一足見つかった。ブーツのひもは解いてあった
帽子、手袋	
初期の記録には、フレンケルが帽子をかぶっていた旨の記載がある。手袋ははめていなかった	
所持品	
ズボンのポケット：なにもなし ベストの片方のポケット：柄に真珠層の貼られた折り畳みナイフ。もう片方のポケット：小さな鉛筆、ホイッスル、サングラスの断片、ネクタイの残骸、ボタンがいくつか	

ニルス・ストリンドベリの時計は、
十二時十分で
止まっている。

9.

痕跡

分析できそうな断片を探す

わたしはいま、ストックホルム郊外、アーニンゲの国立公文書館で、趣味で自分の先祖について調べている年金暮らしのお年寄りにまじって、十九世紀のストックホルムの住民登録簿に目を通している。わたしは自分自身の先祖のことすら、こんなにはよく知らない。ニルス・ストリンドベリの存命の親戚と話をするときには、自分を抑えないといけない。それは気をつけないと、まるでニルスやアンナと毎日会っているかのような話しぶりになってしまうからで、おかしい自覚はある。ふたりが住んだことのある場所は全部、車でひととおり訪れた。空き家になっている館。夏の別荘。スコーネ地方に住むアンナの親戚に会いに行ったときには、ちょうどすぐそばで結婚式に出る予定なので、ということにした。見知らぬ人が、国を半分縦断してきて、古い日誌に書かれていることについて根掘り葉掘り尋ねてくるなんて、妙だと思われないように。

パーティーの最中に本を見つけてから、もう十年以上が経っている。わたしはふたりを追いかけつづける。けれど、もう百十三年も遅刻している。

繊維保存の専門家、モード・マルクスは、一九七八年の新聞記事の切り抜きにあった写真から、まったく変わっていないように見える。彼女がセンセーショナルな発見をしてインタビューされたときの記事だ。眼鏡のフレームだけが、昔よりはるかに小さくなっている。あのころのことなんて、もうなにも覚えていないんですよ、とモードはまず言う。そして、次の瞬間、語りはじめる。

「アンドレー探検隊関係の資料の作業は、ほとんどわたしがやる恰好になりました。王室武儀博物館の保存作業室で働いていたほかの人たちは、みんなたぶん、ちょっと気持ち悪いと思っていたんでしょうね。作業には五年かかりました。探検隊の三人が着ていた服だけでなく、野営地跡に何百と散らばっていた繊維の残骸も修復したんです。服は、保存作業室のわたしたちのところに、箱に入れて送られてきました。布は丸まったままこびりついて大きな塊になっていて、それを出すんです。あらゆるところにホッキョクグマの毛がついていてね。三人が亡くなったときに着ていた服だというのはもちろん知っていましたから、ごわごわに固まった服の塊を一枚ずつ広げはじめて、ひょっとすると皮膚とか組織とかの残骸が中に残っているかもしれないと思うと、たしかにちょっと不気味な感じはしました。でも、わたしはそういうの、あんまり気にならない性質なんです。ちょうどクリスマスの前の週でした。わたしは下の階で、ひとりきりで作業をしていました。手袋の山を洗って、プレスして、修繕するのがその日の仕事で、わたしはたらいをいくつも用意して、石鹸をとかしたぬるま湯を入れ、台の上に一列に並べました。手袋をひとつずつたらいに入れて、石鹸水にしばらく浸してから、洗うんです。ものすごく慎重に、手でそうっと握るだけのような感じで。楽な仕事で、ほとんど流れ作業みたいに進めていました。でも、そのときに、ふと気づいたんです。たらいの水が変だ、と。いくつもあるたらいのうち、ひとつに入っていた水が、すっかり赤茶色に変わっていました。泥かしら、と思いながら目を凝らしてみると、その色はどうやら、手袋の中に入っているなにかから、毛糸のすきまを通って水中に広がっているようなのです。ミトンだったんですけどね、右手用の。アンドレーのものでした。そのミトンのなにかが原因で、水が濃い赤茶色に染まっている。〝中になにか入ってるの？〟そう思って、わたし、あまり深く考えずに、中を調べようと手をつっこんでみたんです。手を出してからようやく、自分が悲鳴をあげていることに気づきました。手のひらに、人間の指の爪、長く伸びて灰色になった爪が、三本載っていました」

その爪はいま、アンドレー博物館で、箱に入った状態で保管されている。手に持ってみると、カタカタ音がする。アンドレーのごく一部がいま、わたしの手の中にある。いちばん大きな爪の外側に、赤く濃いしみがいくつか、まだ見てとれる。血だろうか？　探検隊員の身体組織のサンプルとして、存在が知られているのはこれだけだが、いまのところこれで死因は明らかになっていない。一九九〇年代に二度、それぞれべつの方法で、研究者がこの爪を分析した。毒物の濃度が高くなっていないかを調べたところ、二度とも鉛や銅などの値が高かったのだが、それだけではなんの結論も出せなかった。そうした物質の出どころが、遺体以外にいくつもありすぎたからだ。爪は分析の前に洗浄されていなかった。金属は爪の外側に付着していただけかもしれず、アンドレーがポケットに入れていた弾薬や鉛の散弾が源かもしれない。

アンドレーの両手は、クヴィト島では結局見つからなかったのだが、亡くなったときにはミトンをはめていたと考えてまちがいないだろう。腐敗の過程で、遺体が徐々に分解されていき、やがて爪が指から剥がれて毛糸にこびりついた。そのあと、一八九七年から一九三〇年のあいだのいつかの時点で、動物がアンドレーの手からミトンを引き剥がしたのだろう。爪はミトンの内側にくっついていて、そのままいっしょに引っぱられていった。というわけで、アンドレーは亡くなったとき、ミトンをはめていた。少なくとも、右手には。

ついにエンジンを止め、レンタカーが沈黙したとき、あたりはもう夜になっていた。腿の感覚がなくなりかけている。長時間にわたる運転のせいだ。フィンランドの森の奥深く、五月半ばなのにまだ残っている雪溜まりや、ブルーベリーの茂みに囲まれて建っている、ナノック北極博物館。ここに、クヴィト島の野営地跡で見つかったものかもしれない大腿骨がある、というのだ。アンドレーとストリンドベリの下半身の骨――大腿骨、脛骨、腓骨は、一九三〇年に見つかった時点ですでに揃っていた。だが、フレンケルの左の大腿骨は、クヴィト島から戻ってきていない。解剖記録でもいっさい言及されていない。ひょっとして、一九三〇年の時点ではまだ野営地跡で凍結したままだったのが、その後氷がとけて発見に至ったのだろうか？　もしほんとうに大腿骨がまるごと残っているとしたら、わたしたちはそれを分析に使うことができる。モルヒネ、アヘン、鉛、銅、場合によっては青酸化合物や砒素などが、致死量に達していないかどうか調べられる。ところで、自分が頭の中で〝わたしたち〟と言っている自覚はある。じつのところ、調べようとしているのはわたしだけだ。

博物館の敷地内には、グリーンランドに最初に建てられたという北極圏教会のレプリカがある。問題の骨は、専用の小さな棺におさまっていて、ガラスの蓋がかぶせてある。わたしは蓋を開け、骨を祭壇に置く。そして、すぐに気づく――ああ、これは右脚だ。とはいえ、まだ誤情報と決まったわけではない。トロムソ海浜病院地下室での解剖は急いでおこなったものだから、右と左をまちがえて記した可能性もある。わたしは骨の長さを測る。一覧表と見くらべる。もう一度、長さを測る。大腿骨頭からの長さも、大転子からの長さも。計算する。

わたしがいま手に持っている骨の長さは、四十・五センチ。つまり、この大腿骨の持ち主だった人の身長は、百五十七・八センチ。誤差はプラスマイナス三・二七センチだ。

百五十七・八センチ。解剖記録には、アンドレーとストリンドベリの大腿骨の長さは五十一センチ、とあった。つまり、ふたりの身長は約百八十二センチだった。フレンケルの骨は解剖の際に測定されなかったが、わたしの記憶にあるかぎり、探検隊員のうちふたりがふつうの身長で、ひとりがたいへん小柄だった、などという事実はない。たいへん小柄で、しかも右脚が二本あった、なんて。

身長＝2.38×大腿骨長＋61.41センチ+/-3.27センチ

またもや、アンドレー博物館にて。わたしは展示室で、ガラス張りの展示台に向かって身をかがめ、両手を丸くして目の脇に当て、薄暗がりに沈んだ細部に目を凝らしている。展示台の奥の隅、スウェーデン=ノルウェー連合王国の旗や、ホッキョクグマに咬まれた缶詰の向こうに、探検隊の薬箱が置いてある。大きさは四十×十五×二十センチ。蓋はなくなっている。中には、円筒状の木製の管がぎっしり並べて立ててある。その多くは、三十三年ものあいだ雪と氷に埋もれていたにもかかわらず、どこも壊れていないように見える。この薬箱は、クヴィト島で探検隊がテントを張っていた場所で見つかった。そうして展示台に目を凝らしているうちに、わたしはあることを思いつく。あの管の中になにが残っているかを調べたら、探検のあいだにアンドレー、ストリンドベリ、フレンケルがどの薬を実際に使ったか、わかるのではないだろうか。もちろん、どんな症状があったか、どの薬を使ったかについては、アンドレーが日誌にくわしく記してくれているのだが、あまりに些細だと思った事柄についてはおそらく書かなかっただろう。三人が実際にどの薬を使ったかがわかれば、三人にどんな症状があったかもはっきりする。そうしてもし新たな症状が明らかになれば、それは死因とされている病の証拠になるかもしれないし、逆にありえないと却下する根拠にもなるかもしれない。

それに、どの薬がまったくの未使用かもわかる。薬が使われていないということはつまり、使う必要がなかったということだ。こうして、三人にどんな症状がなかったかがわかれば、仮説として挙がっている死因のうち、特定の症状がかならず出るものを却下できるかもしれない。

わたしは係の人に手伝ってもらって、薬箱を奥の明るい部屋へ運ぶ。ひとつひとつの木の管の中に、もっと小さなガラス管が入っていて、コルク栓で密封してある。一本目の管を引っぱりあげてみる。ストックホルムの獅子《レイヨネット》薬局の主任薬剤師が、優雅な筆記体で、使用目的や用量をていねいに記している。どの管の薬を使うかは、病によってさまざまだ。ひょう疽、つまり手指の膿瘍（ガラス管22）、失神（28）から、発熱（10と12）、痛み（5）まで、あらゆる症状のための薬が揃っている。

探検隊の三人は、次の症状をやわらげる薬を使っていた――下痢、腹痛、筋肉痛、関節痛、雪盲、凍傷、膿瘍、頭痛、胸やけまたは胃腸炎。まったく使われていない薬もいくつかある。たとえば、凍傷の際に皮膚に当てて血管を広げ、〝温める〟ための洋芥子《マスタード》湿布。扁桃炎のための錠剤。薬箱には解熱剤も何種類か入っていたが、いっさい使われていない。つまり、三人に発熱はなかったということだ。

クヴィト島で見つかったとき、薬箱にはほぼすべてのガラス管が入ったままだった――三本を除いて。これは重要な事実だ。アンドレー、ストリンドベリ、フレンケルは、クヴィト島でまだ生きていたほんの数日のあいだに、なにかの理由があって、これら三種類の薬を箱からあえて出した、ということになる。

1．アトロピン。雪盲の際に点眼する。この管は野営地跡で見つかった。

2. ラノリン。手や唇の凍傷に使う軟膏。これはアンドレーの服の中から見つかった。

3. モルヒネ。三人はモルヒネをあえて箱から出していた。氷上徒行中の日誌からは、三人が腹痛に耐えられなくなると痛み止めにモルヒネの錠剤をのんでいたことが読みとれる。つまり、三人が亡くなる前、だれかが（複数かもしれない）なにかの痛みに苦しんでいたのだ。やわらげるのにモルヒネが必要となるほどの痛みに。

ニルス・ストリンドベリの番号に電話してみる。
2090は話し中だ。

わたしは小包を手に持っている。思っていたより軽い。いまは六月、今日は木曜日で、天気は曇り、わたしはダーラ通りのＩＣＡスーパーにいて、ひょっとしたらフレンケルの肋骨かもしれないものを手に持っている。ストックホルムにいるわたしのところに、郵便で送られてきた骨。スーパーの一角にある郵便局窓口に留め置かれていたそれを、こうして取りに来たというわけだ。わたしは番号札を取って順番を待った。フレンケルがもしこのことを知ったら、いったいどう思っただろう。ウールの外套とヘラジカ革の手袋を身につけて、〝古き国スウェーデンよ、不朽なれ！〟と高らかに叫びながらダンスク島を飛び立った、あのとき。自分の肋骨が将来、小さなクッション封筒に入れられて、ダーラ通りのＩＣＡスーパーに送られ、服の通販ショップのガサガサ音をたてるグレーの袋と、インターネット書店の箱のあいだにはさまれて、倉庫の棚に置かれることになる、などと知ったら。

これまでずっと、だれもこの骨の存在を知らなかった。クヴィト島の野営地跡から盗まれたもので、一九三〇年からずっと、こっそりしまいこんであったのだ。ペーテル・ヴェッセル・サプフェは、ストゥッベンドルフの遠征隊で写真撮影を担当していた。野営地跡の発掘も手伝い、このとき見つかった遺骸は箱におさめられ、解剖のためトロムソへ運ばれた。サプフェが肋骨を一本、こっそり自分の荷物に入れていたことなど、だれも気づきはしなかった。骨はこうして八十年近く、サプフェの自宅で保管されていた。彼が亡くなると、遺品はトロムソの北極圏博物館に寄贈されたが、この骨が公開されることはなく、代わりに部外者立ち入り禁止の資料室にしまいこまれた。そして、いまのいままでずっと、そこに置かれたままだったのだ。肋骨は探検隊の三人のうち、だれのものであってもおかしくないが、解剖記録の記述と照らしあわせたかぎりでは、フレンケルのものである可能性がもっとも高い。なんということだろう、肋骨が残っている！　ほんとうに使えるかもしれない、死因の特定につながるかもしれない病理学的サンプルが、いきなり現れたのだ。

ストックホルムの自然史博物館で脊椎動物部門があるのは、天井の高さが十メートルはありそうな部屋だ。壁は木の板に取りつけられた動物の頭蓋骨に覆われ、床にも骨がひしめいている。世界の動物種の八十六パーセントがここに収蔵されている。巨大なアルマジロ。サイ。すでに絶滅した、らせん状のツノを持ったアンテロープ。フレンケルの肋骨の分析にとりかかる前に、まず、これが人間以外の動物のものではないということを確かめなければならない。考古学者で骨学者のソフィア・プラータが手伝ってくれることになった。わたしたちが向かっている作業台には、透明で大きな分厚いビニール袋が五つ置いてある。クヴィト島にいたことが確認されている哺乳動物、すべての骨がひと揃い、ばらばらの状態で入っているものだ。ホッキョクグマ、アゴヒゲアザラシ、ワモンアザラシ。人間の肋骨と比べるには小さすぎるとわかっていたけれど、ホッキョクギツネの骨の入った袋も取り寄せた。逆にセイウチの骨は大きすぎる。それでも、ありえないと決めてかからず、百パーセントの確証を得たいと思う。

わたしたちはビニール袋を開け、比較対象となる骨、クヴィト島の動物たちの長い、乾いた骨を取り出す。それぞれの種の肋骨、二十四本すべてを、大きさ順に作業台の上に並べていく。それからわたしは、ダーラ通りのICAスーパーから引き取ってきた小さな封筒を開ける。

骨は気泡緩衝材に包まれている。二〇〇八年と記された手紙が添えてあって、トロムソにいる法医学の教授が、これは人間の骨だと断言している。左側の、上からかぞえて二本目の肋骨だ、とも書いてある。そのうえ教授は性別も特定していて、〝頑強な男〟としている。わたしは骨の向きを変えてみる。作業に集中しながらも、頭がくらくらしてくる。震えてしまわないよう気をつけている。クヴィト島の海岸の、角張った灰茶色の砂粒が、骨のへこみにもれなく入りこんでいる。骨は苔のようなものに覆われている。身体組織の残骸だろうか？　どんなふうに付着しているのか知りたくて、緑がかった茶色の糸のようなそれを、そうっとつついてみる。これは完全な形の肋骨ですらない。その半分だ。長さは十五センチほどで、上下の胸椎とつながっていた部分に、黄色がかった丸い関節面が見える。もう片方の端は、ぽっきり折れてしまっている。わたしたちはフレンケルの骨と、ほかの動物すべての骨とを、順序立てて見くらべていく。ふと視線を上げると、きつい明かりに照らされた中で、ソフィア・プラータが深刻な顔をしている。この関節面が気になる、と彼女は言う。どうも見覚えがなくて。

トロムソから送られてきた骨はたしかに、人間の骨のようにはあまり見えない。大きさはぴったりなのだが、形が合わないのだ。形態だけを見ればホッキョクグマの骨と一致しているが、それにしてはあまりにも小さすぎる。比較対象として作業台に置いてあるホッキョクグマの肋骨の大きさは、この二倍以上だ。子グマの骨とも考えられない、とソフィアは言う。子グマは骨端線がまだ閉じきっていないから、こういう骨格ではないはずだ、と。

わたしは骨を封筒に戻す。トロムソではどうしてこれを、人間の骨だと断言できたのだろう？　その根拠は？　わたしたちの知らないことを、彼らはなにか知っているのだろうか？

これはいったい、なんの骨？

種の特定に必要なＤＮＡを採取するには、長さが少なくとも三十ミリメートルはある組織サンプルでなければならない、というのが法医学庁の基準だ。そのサンプルからミトコンドリアＤＮＡを抽出して、比較対象となるＤＮＡと見くらべる。そうすれば、問題の肋骨が人間のものか、ほかの動物のものか、百パーセントはっきりする。

わたしは法医学庁ストックホルム支部の解剖室で、人の手を借り、肋骨のごく一部を切断することにした。骨がなるべく動かないよう、わたしが押さえているあいだに、法医学者が甲高い音をたてる骨切り鋸で切断を始める。ふと、もっと気密性の高いマスクをしたほうがいいのでは、という考えが浮かぶ。もし仮に、探検隊の三人が、ボツリヌス症で亡くなったのだとしたら。ボツリヌス菌E型は、栄養のまったくない過酷な環境にあっても、芽胞の形で休眠状態に入って、何十年も、ひょっとすると何世紀も生き延びられる。そしてその後、もっと有利な環境（たとえば人間の気道、皮膚など）に接すると、にわかにふたたび増殖を始める。ボツリヌスE型毒素は世界最強の神経毒だ。吸引した場合の致死量はほんの百五十ナノグラム。四千グラムで全人類を死に至らしめる。

新しい、はるかに気密性の高いマスクをつけて、わたしたちは骨の切断を再開する。わたしはなるべく息を吸わず、吐くだけにしようと努めている。気づいたときにはもう、死に至る麻痺が、顔や腕からゆっくり始まっていた、などという事態は避けたい。そうすれば死因の謎は手っ取り早く解けるだろうけれど、そんなふうにして確証を得るのがいいことだとは思えない。

この小さな骨のサンプルを入れて郵送できる特別な試験管を、わたしは持っている。けれど、探検隊の遺体から採取できた、分析に使える唯一の組織サンプルを、夏のあいだだけ郵便局で働いているやる気ゼロの仕分け係にうっかりなくされでもしたら、わたしはきっと正気を失ってしまう。というわけで、わたしはサンプルの入った試験管を助手席に置いて、みずから車を運転し、法医学庁のリンシェーピン支部へ向かう。そこの法遺伝学部門に分析してもらって、この骨がほんとうにフレンケルのものかどうか見きわめるのに、二週間かかる。わたしはもう、よくわからなくなっている。やっぱりホッキョクグマの骨のように見えるのだ。けれど、それにしては異常に小さい。クヴィト島にはなにか、わたしには考えの及ばない、ほかの動物が生息しているのだろうか？　見かけはホッキョクグマで、大きさは人間ぐらいの動物。雪男？

フレンケルの肋骨であってほしい。心の底からそう思う。ペーテル・ヴェッセル・サプフェが一九三〇年からずっと大事に隠し持っていたのが、じつはホッキョクグマの肋骨だったなんて、そんな話があっていいはずがない。

法医学庁
法遺伝学・法化学部門

3076
1ページ

法遺伝学的生物種同定

サンプル
ベア・ウースマ氏より受領した骨の断片

設問
問題の骨はどの生物種のものか

調査
サンプルの生物種はＤＮＡ解析により同定された。ＰＣＲ法を用いたのち、ＤＮＡシークエンシングをおこない、こうして得られたＤＮＡ配列を、人類およびスカンジナビアに生息する哺乳類のＤＮＡ配列を含む参照用データベースと照合した。この方法は正式に認可されたものではない。

判定
解析の結果、サンプルのＤＮＡ配列は、クマ（ヒグマ／ホッキョクグマ）のＤＮＡ配列と一致した。

グニラ・ホルムルンド
研究助手

アンドレアス・ティルマル
分子生物学技術者

グレンナ博物館北極圏センター、ベア・ウースマ／Ｈ・ヨーリクソン宛
私書箱104号、56322 グレンナ

住所・郵便物送付先
法医学庁
法遺伝学・法化学部門
アッティレリー通り12番地
58758 リンシェーピン

電話
013-25 21 00（代表）
013-31 58 70（法遺伝学）
013-25 21 50（法化学）

FAX
013-24 21 99

電子メール
reli@rmv.se

ストリンドベリのジャケットは紺色で、分厚いウール製だ。蓋《フラップ》のななめになったポケットが、前身頃全体にいくつもついている、一八九七年に流行の最先端だった型の狩猟用ジャケット。博物館のガラス展示台に入っているそれは、ほとんど未使用のようにも見える。一九七八年に書かれた繊維保存の報告書を読むと、その理由がはっきりする。王室武儀博物館で働く繊維保存の専門家たちが、百八十一時間かけてこのジャケットを復元したのだ。破れた布の断片をふたたび組みあわせ、縫いあわせた。ぼろぼろになりすぎていた部分は切り取られ、まったく同じ色に染めた、同じ素材の真新しい布に交換された。復元前のジャケットがどんなふうだったか、報告書にはこうある――〝左前身頃のもっとも上のポケットは、蓋がなくなっている。左前身頃、とりわけ脇の下の付近が破れている。後ろ身頃の中央に大きな穴があいている。左袖は激しく破れている。左の襟の折りかえしは完全に欠損している。裏地は激しく汚れ、破れている。かなりの部分が欠けている〟

ストリンドベリのジャケットはつまり、一九三〇年にクヴィト島で見つかったとき、布が裂けて穴のあいたぼろぼろの状態だった。野営地跡で見つかった服のほとんどは同じようにぼろぼろで、ホッキョクグマの白い剛毛にまみれていた。だが、重要なちがいがひとつある。アンドレーとフレンケルの服は約三十年ものあいだ、野営地跡に、つまりホッキョクグマに破かれてもおかしくない場所に散らばっていた。ストリンドベリのジャケットは丸められた状態で、彼のそりのそばで見つかった。本人はジャケットを着ておらず、紺色のベストの下にセーターやシャツを三枚重ね着した姿で埋葬されていた。だが、十月のクヴィトー島は、ジャケットなしで過ごすには寒すぎる。ストリンドベリが探検に持参したジャケットはこれだけだ。生きていたあいだの彼は、この紺色のジャケットを着ていたにちがいないのだ。

ストリンドベリのあとに生き残ったふたり、いや、ひとりかもしれないが、とにかく彼らがストリンドベリのジャケットを脱がせた。それを丸め、ベルトでくくって固定した。それから三十三年間、ジャケットは丸められたままそりのそばにあり、肉食獣からは守られていた。したがって、繊維保存の専門家たちが百八十一時間かけてつくろった破損は、ストリンドベリが亡くなる前にできたものだ、ということになる。

ストックホルム郊外のトゥンバにある、王室武儀博物館の資料保管所で、わたしは赤いファイルに入っている何枚かの写真を見つけた。服が修繕された当時の写真だ。復元の前後に撮影されたジャケットの写真を見くらべてみると、左前身頃の肩を覆う部分に、幅の広い、長さ十五センチほどの裂け目があるのがわかる。胸ポケットの蓋は取れてしまっている。裂け目は左肩の上をななめに走り、袖のほうへ伸びている。ジャケットの最上層のウール地だけでなく、中の芯地や、袖の内側にある縞模様の裏地にも穴があいている。右の前身頃も、穴のあいている部分があり、布目に沿って垂直に引き裂かれている。

ストリンドベリが身につけたまま埋葬された紺色のウールのベストも修繕されていた。〝左前身頃の上のほう、一つ目のボタン穴から上が、完全に欠損している。後ろ身頃の左上の部分も同様〟。復元の際、左の前身頃と後ろ身頃はそっくりそのまま新しい布に交換されていた。写真を見ると、後ろ身頃の左側、脇の縫い目沿いに、長い裂け目が走っているのがわかる。この裂け目は肩から始まり、腰のあたりまで伸びている。

ストリンドベリの服の左肩部分に裂け目がある。何層もの分厚い布を突き抜ける裂け目だ。わたしは解剖記録を読みかえす――〝ストリンドベリの長ズボン下をすすいでいるときに、ハート、十字架、錨のチャームのついたペンダントヘッドが見つかった〟

なぜペンダントヘッドがズボン下の中に入っていたのだろう？　紐かなにかで首にかけていたのが取れたのだろうか？　それは服の裂け目と関連があるのだろうか？　ストリンドベリがアクセサリーを肌着の中に入れて長いこと過ごしていたとは考えにくい。亡くなった瞬間にペンダントがはずれ、体に沿ってすべり落ちた、と考えたほうが自然に思える。つまり、彼は立った状態で亡くなったのではないか？

[redacted]い人へ！

きみと話をしてからずいぶん経ってしま[redacted]。あれから状況は[redacted]夕方[redacted]大きな割れ目[redacted]、ぼくたちは次の日に装備を整理しなおして、ひとりひとりが自分のそりを引いて歩けるようにしようと決めた。それまでは三人で一台のそりを引いて歩いてから、いったん戻って、次の残りのそりを取りに行っていたのだが、この方法ではあまりにも時間を食いすぎた。七月二十六日、ぼくたちは氷の割れ目を渡り、対岸で荷物を下ろして、食料や装備の一部を置いていくため荷解きを始めた。

10.

回り道

やらなくてもよかったかもしれない

スヴァールバル諸島の中でも最北部の群島、七島群島で、わたしはすべりやすい崖を登り、探検隊の補給基地の痕跡を探した。森林限界の数千キロ北、木のまったく存在しないこの土地で、鋸で切断された小さな木片と、長さ数センチの釘をひとつ見つけた。それだけだった。

わたしが、ロングスカート？　ロングスカートなんて、ふだんは全然はかないくせに。そのうえ、マフラーを広げて、古風なショールみたいに肩にかけていたりもする。場にふさわしい服装をしているつもりなのかもしれない。十九世紀末の人たちに会うのだから、あまり現代的すぎる恰好でびっくりさせないように、と。わたしはいま、ストックホルム南のブレーデング地区で、賃貸住宅の地下階にいる。左の階段を使って半階下へ、と言われたけれど、ここには地下物置への入り口と、自転車置き場かなにかのような部屋に通じる灰色の扉しかない。こんなこと、ほんとうは信じていないのだ。わたしは科学を、事実を信じている。やっぱり、あまりいい考えではない気がしてきた。

きびすを返し、階段を上がって帰ろうしたところで、自転車置き場の扉が開く。現れた霊能者は、どう見ても超能力の持ち主には見えない。ジーンズに黒いカーディガン姿の、どこにでもいそうな女性で、保育園に子どもを迎えに来た母親のように見える。そんな彼女が、じっとわたしを見つめ、観察している。それから、中に入れてくれる。やっぱり自転車置き場だ。けれど、小さなテーブルをはさんで、椅子が二脚、向かいあわせに置いてある。

霊能者が片方の椅子を指し示す。わたしは彼女と向かいあって座る。霊能者はタロットカードを切り、わたしにもカードの山の上半分を取ってそれを下に移すよう指示してから、テーブルの上にカードを並べ、大きな星形をつくる。わたしは切り出す――

「あの、妙な話だと思われるでしょうけど、うかがいたいのは、昔の北極探検隊のことなんです、十九世紀の――」

「ひとりずつ！」

霊能者が、部屋じゅうに響きわたる大声を出す。険しい声だ。わたしは彼女が聞きまちがいをしたのだと思い、続ける――

「あのですね、それで、その探検隊になにが起きたのか知りたく――」

「・・・ひとりずつって・・・言ってる・・・でしょ・・・！」

霊能者はいま、まっすぐにわたしを見つめている。いや、ちがう。わたしを突き抜けて、その後ろを見ている。それからくるりと向きを変え、がらんとした部屋のあちこちに目をやる。ため息をつく。

「あなたと話したがってる人がたくさんいるんです。ひとりずつ相手をしましょう」

「ニルス・ストリンドベリもいますか」とわたしは尋ねる。

霊能者がうなずく。わたしは考える――科学者としての教育を受けてきたわたしだけれど、どうせここまで来たのなら、これから起こることを全部そのまま受け止めるべきだ。そうしないのなら、いますぐ帰ったって同じこと。

「質問をひとつ、させてもらえますか」

霊能者がふたたびうなずく。

「あなたは、なぜ死んだの？」

めったにする機会のない質問だな、と考える間はあった。次の瞬間、霊能者がふっと目を閉じる。その頭が、胸に向かってがくりと垂れる。口を開いた彼女の声は、やけにくぐもっている。〝やっと上陸できた。いまはテント の中にいる。寒い。こんなことになるなんて予想もしていなかった〟。霊能者はそこで口をつぐみ、ぶるりと震える。

「それで？ そのあとは、なにがあったの？」わたしは尋ねる。

霊能者が顔を上げる。全身が震えている。

「申しわけないけど、ここで止めなければ。寒すぎます」

「ちょっと、お願い、もっとなにか教えて！」

「悪いけど、いま風邪をひくわけにはいかないんです、来週はずっと保育園で食事の準備を担当することになってるから。いえ、ちょっと待って、まだなにか言ってる。〝手紙がある、だれも見つけてくれなかった手紙が。絶対に見つけてほしい〟」

手紙って？ わたしが知っている、だれも読んだことのない手紙といったら、ストリンドベリが気球から落とした手紙、あれしかない。けれど、あれを見つけるのはとても無理だ。無理だし、無駄でもある。たぶん、命の危険すらある。それに、わたしはそもそも、霊能力なんて信じていない。

黒いゴムボートが一艘、押し寄せる波に傾きながら島をめざす。わたしたちは氷盤のあいだをジグザグに進んでいる。観光客グループの中の十三人がわたしの誘いに応じて、このちょっとした回り道についてきてくれた。今朝、船で手を挙げたのは十五人だったけれど、うち二人は遠くから島を見たとたんに考えを変えた。〝あんなの、島とも言えませんよ。断崖絶壁の上に雲が乗っかってるようにしか見えない〟、そう声をあげて、強風の中で甲板室のドアを閉めてしまった。アンドレー探検隊の気球が出発したダンスク島をわたしが訪れるのは、今回で三度目になる。そして今回、わたしは同じ船に乗っている人たちを説得して、そこから二十キロ北へ、ちょっとした遠出をすることになった。応じてくれた人たちの中に、サンデル・ソールネスがいる。スヴァールバル諸島でノルウェー政府を代表するスヴァールバル知事の部下で、島々の海岸で凍結したまま干からびている、文化史的な意義のある遺物の管理を担当している。たとえば、キツネをつかまえるための罠。古いブーツ。狩猟や捕鯨のあとに残ったもの。

その日の朝ずっと、サンデルとわたしは船の食堂で前かがみになって地図や本に目を凝らし、捜索のプランを練りあげた。そもそもの出発点は、ストリンドベリの手帳に記された一文、それだけだ。一八九七年七月十一日、出発から数時間が経ったところで、彼はこう書いている――〝アンナへの別れの言葉を入れた箱を、フォーゲルザング島に投げ落とした〟。この記述のほかに、手がかりとなる情報源はごくわずかしかない。残念ながら、科学的に意味があるとは言いがたい資料ばかりだ。

その資料とは——

1．フォーゲルザング島〔いまはフグレソンゲン島と呼ばれている〕の現代の地形図

2．書籍『エルネン号で北極へ』に載っている、エルネン号の進路が黒線で描きこまれた地図

そして、もっとも重要な資料は——

3．一八九七年にダンスク島の海岸にいた目撃者が描いた、フォーゲルザング島の絵。島の上を飛んでいる気球が最後に目撃された場所が描きこまれている

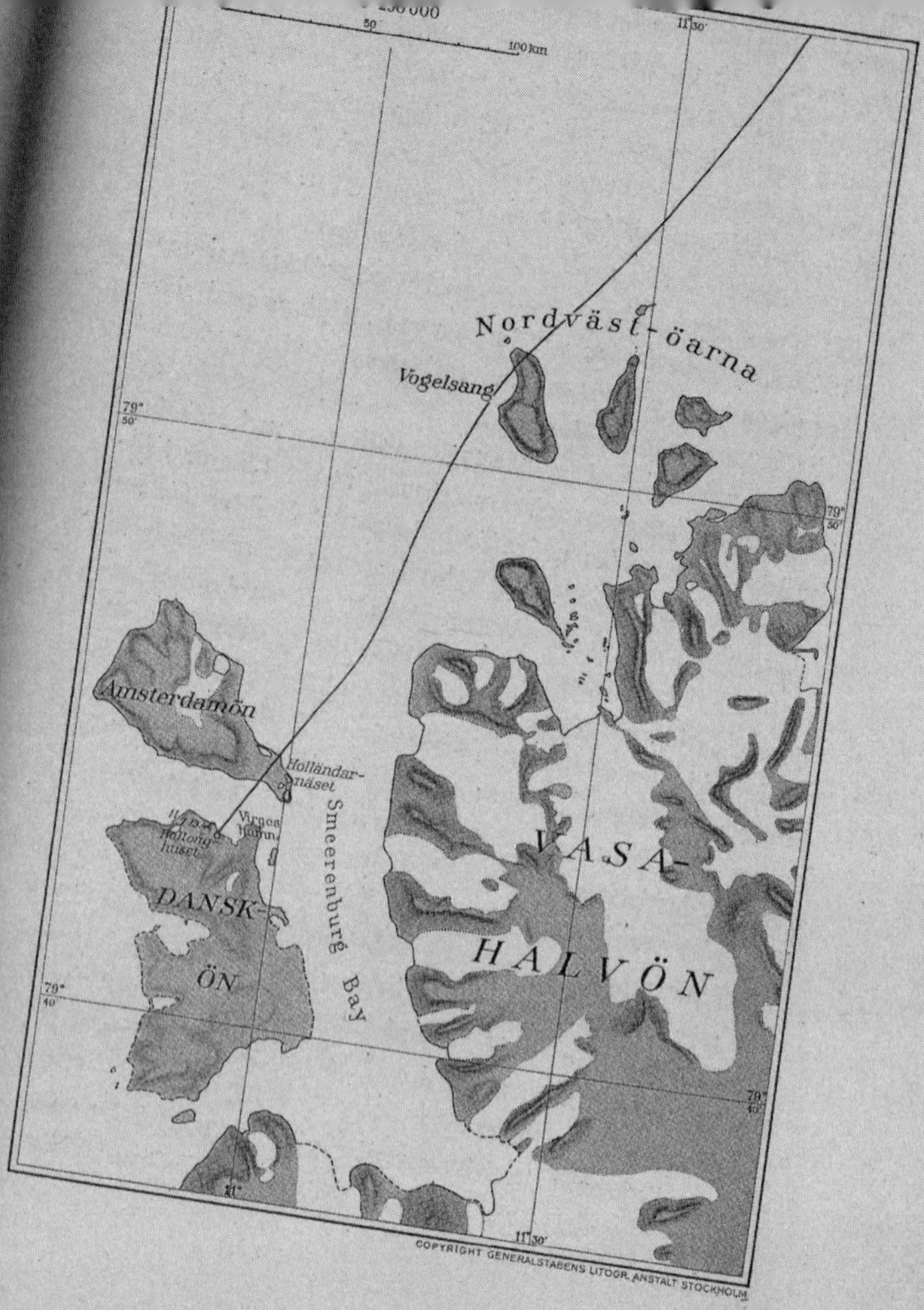

根拠となる資料２

根拠となる資料３

１の点で、エルネン号はフォーゲルザング島の真上にいる

２と３の点では、エルネン号はすでにフォーゲルザング島を過ぎたあとだ。と、わたしたちは考えている。

フグレソンゲン島は細長く、幅は四キロメートル。最高地点は海抜三百八十七メートルだ。この島のどこか、茶色がかった灰色の石のはざまに、手紙の入った箱が眠っている。絹布を巻いた箱だ。一八九七年からずっと、この島で土砂降りの氷雨や吹雪にさらされている。この手紙が存在することすら、アンナが知らされたのは三十三年後だ。北極圏の気候の中で、屋外に放置された物品がどうなるかを知りつくしているサンデルによれば、問題の箱は真鍮製または銅製ということなので、百回以上の冬を越えたいまでも朽ちてばらばらになっていることはないはずだ、という。ストリンドベリの記述を信じるなら、気球は地上六百メートルのところを飛んで島の上を通過したというが、スケッチ（根拠となる資料3）ではむしろ、島の崖の頂からほんの五十メートルほどのところを飛んでいるように見える。ストリンドベリはおそらく、島の北のほうにある頂ふたつのあいだの台地に手紙を落としたのだろう、ということで、わたしとサンデルの意見は一致した。片方の頂には、オイデホーヴデン〔「荒涼たる頂」の意〕という名がついている。もう片方の頂には名前すらない。

ゴムボートから降りたとたん、ブーツに水がしみこんでくる感触がある。波打ちぎわにある、海藻で緑色になった石は、信じがたいほどにすべりやすい。灰色のごつごつした巨大な岩の壁が、目の前にそそり立っている。例のふたつの頂は、北極海の霧にすっぽり包まれていて見えもしない。あの頂上に、これから行くわけだ。足をすべらせながら陸地を一歩進むごとに、わたしははっきりと感じる――これまでにここを歩いた人はひとりもいないのだ、と。この地には、生々しいほどの孤独感が漂っている。

サンデルが先頭に立って崖を登っていく。残るわたしたちは一列になって彼のあとを追い、彼とまったく同じ場所に両手両足を置くよう心がける。すさまじく急な傾斜だ。登れば登るほど風が強くなってくる。リュックサックのベルトに頬をピシピシたたかれているけれど、それをどこかにくくりつけるために岩から手を離す勇気はない。岩を十回つかむごとに、そのうちだいたい一回は、その岩がぐらりと傾いて崖の下へ落ちていく。岩どうしがぶつかる、カツン、という硬い音。わたしはゆっくり、着実に登っていく。脚。脚。腕。腕。振りかえる勇気はない。上を見上げることも、下を見下ろすこともなく、ただひたすら、次につかむつもりの岩だけを見つめている。けれど、視界の隅にはいつも、岩と岩のあいだにある無数のすきまが見えている。真鍮か銅でできた筒型の箱が、ちょうどおさまりそうな大きさのすきまが。

〝ああ、ストリンドベリがこの斜面に手紙を落としたのではありませんように〟。いや、たぶんそれはない。ストリンドベリは、いつかだれかが見つけてくれる可能性のありそうな場所に、手紙を落としたはずだ。そうにちがいない・・・・・・。

台地にたどりついたとたん、恐怖が押し寄せてくる。いますぐにでもここから下りていきたい。ここは危険すぎる、と感じる。こんなこと、わたしにはとても無理だ。わたしは息を吸いこむ。うん、大丈夫。無理じゃない。それに、いちばんの難局はすでに乗り切って、もう平らな地面に上がっているではないか。わたしたちはいま、船から見えた雲の中にいる。風が激しく、叫ばないとお互いの声が聞こえない。台地に上がってからも、だれひとりはぐれることのないよう気をつける必要がある。この奇妙な夢にも似た、霧に包まれた風景の中で、ホッキョクグマに襲われる危険性はまぎれもない現実だ。大きな岩の下に、ほとんど食べつくされたトナカイの残骸が見える。引き裂かれた白い毛皮の断片が、苔の上に散らばっている。

わたしたちは肩を並べて人間の鎖をつくる。十三人が横にずらりと並ぶ。そうして、台地をくまなく捜索しはじめる。サンデルのＧＰＳにはトラッキング機能がついていて、わたしたちは台地を行ったり来たりしているあいだ、すでに歩いたところをまた歩いてしまわないよう、ディスプレイに描かれていく線を確かめることができる。みんな黙りこくったまま捜索している。ときおり聞こえるのは、わたしたちが正しい間隔を保つのを忘れないよう、サンデルが呼びかける大声だけだ――〝腕の長さ、腕の長さ！〟わたしは岩のすきまを見下ろすたびに、いつでも〝ありましたああ！〟と勝利の雄叫びをあげられるよう身がまえている。自分がどんな声を出すか、自分の中ではもう聞こえているし、脳内でためしに歓声をあげてみたりもしている。

二時間後、じくじくと胸をむしばむ不安が忍び入ってくる――そもそもストリンドベリがこの台地に手紙を落としたと考える理由は？　気球から海岸を狙って落としたと考えたほうが自然なのでは？そうすれば、ダンスク島に残った作業員が手漕ぎボートでここへやってきて、手紙を拾っていくのも造作ないことだろう。

捜索を始めてから五時間後、わたしは考える――まったく、こんなに長いこと探すはめになったんだから、すっごくいいこと書いてある手紙じゃないと承知しないからね。

八時間二十分後、わたしは自信がなくなってくる。それでも、こう考える――これはきっと、子どもにレゴのセットを買ってやって、組み立て説明書を見ているときに、特殊なパーツがひとつ見当たらないことに気づく、あれと同じだ。探しに探し、ひたすら探して、毎回同じことを思う。やっぱりどう見てもそのパーツがない、レゴの工場で箱に入れるのを忘れたにちがいない、そう心の底から確信して、もうあきらめようと立ちあがったところで、目の前のテーブルにそのパーツが置いてあることに気づく。忽然とそこに現れるのだ。例の缶も、それと同じだといいのだけれど――そう、わたしたちはいまや、手紙の入った筒型の箱のことを、ロマンのかけらもなく〝例の缶〟と呼んでいる。きっと忽然と、ここに、目の前の地面に現れるのだ。

九時間半後、わたしたちは台地全体の捜索を終える。帰路は波が高く、後ろを振りかえってフグレソンゲン島を見てみると、島はすっかり霧に覆われてしまっている。あのどこかに、手紙がまだ眠っている。結局、見つけることはできなかった。

わたしは座って、泥の入った小さな瓶をくるくる回している。砕氷船で北極へ行ったときに、同じ船に乗っていた研究者たちが持ち帰ってきた海底堆積物。氷に覆われた海面から、四千二百十メートル下へスコップを下ろし、海底の泥を取ってきたのだ。栓を開けてみる。なにかの焦げたようなにおいがする。思わず舌をつっこんでしまう。苦く塩辛い味が口の中に広がって、すぐに後悔する。この中に、人類にとって未知の嫌気性細菌がうようよいたとしたら？　感染症救急外来でなんと説明したらいいだろう？　〝どうも、じつはですね、北極の海底の泥をうっかり舐めてしまいまして〟とでも言えばいいのか？

11.

最期の日々

パズルを解く

クヴィト島上陸から四日後、日誌の記述がすべて途絶える。探検隊の最期の数日を物語る痕跡は、無人島の海岸に残されたぼろぼろの遺品だけだ。現地で見つかった品はすべて故国へ運ばれた。現地にはいま、岩山しか残っていない。アンドレー探検隊に関するこれまでの研究はどれも、同じ地図をもとにしていた。一九三〇年に描かれたスケッチで、どこで遺体が見つかったか、どこにそりが置いてあったか、どのように装備が野営地に散らばっていたかが示されている。手がかりがあまりにも少ないので、研究者たちはみな、簡素なスケッチに基づいたこの地図から、なんらかの結論を導き出そうとしてきた。だが、これは正確な地図ではない。

一九九八年、現地でおこなわれた考古学調査の際に、クヴィト島の海岸の地形がレーザーを使って計測された。この測定値を、一九三〇年に現地で撮影された写真、野営地跡の発掘が始まる前の写真と照らしあわせてみると、まったくちがった像が見えてくる。わたしは新しい地図を描かなければならない。

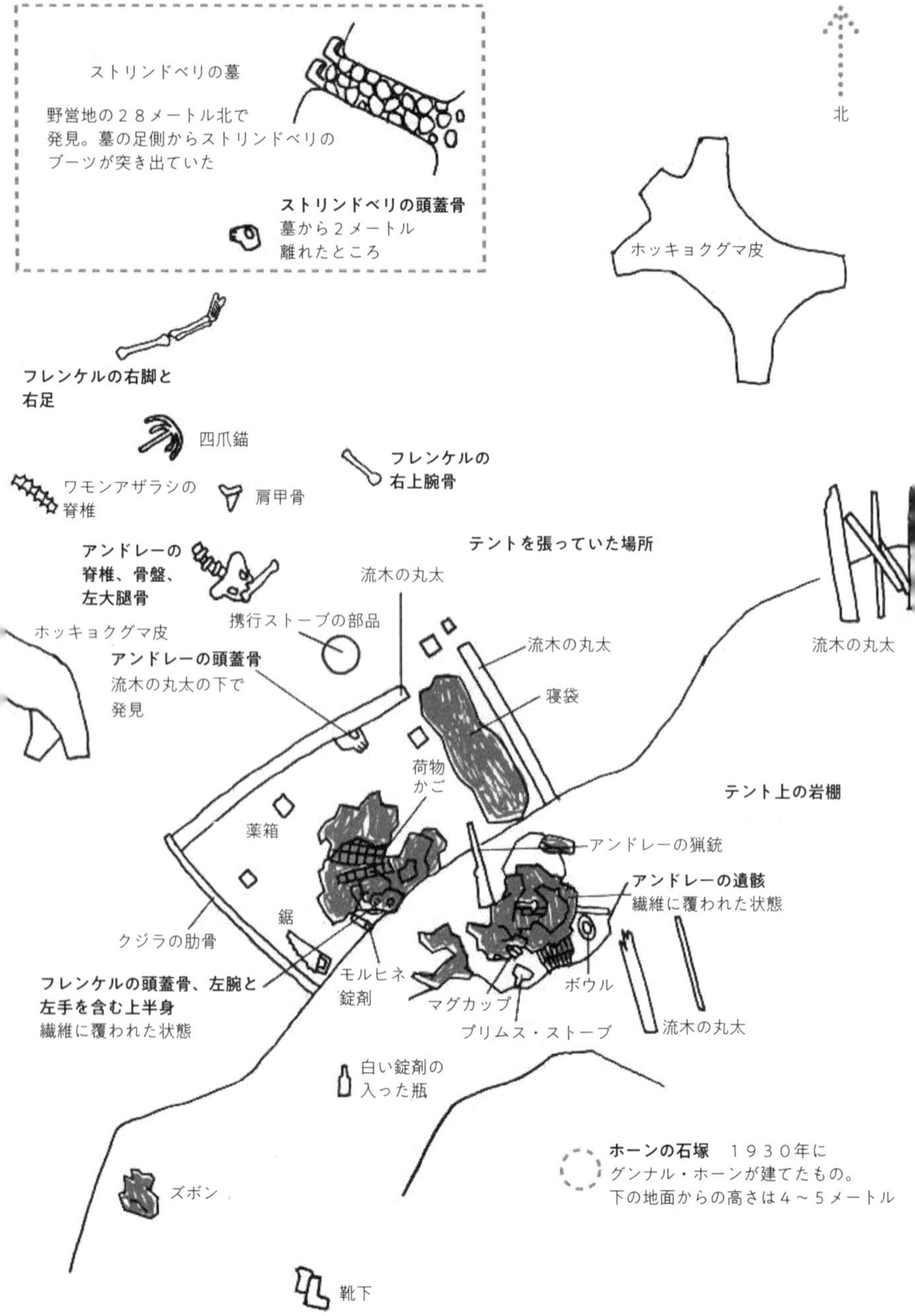

ストリンドベリの墓
野営地の２８メートル北で
発見。墓の足側からストリンドベリの
ブーツが突き出ていた
ストリンドベリの頭蓋骨
墓から2メートル
離れたところ
北
ホッキョクグマ皮
フレンケルの右脚と
右足
四爪錨
フレンケルの
右上腕骨
ワモンアザラシの
脊椎
肩甲骨
アンドレーの
脊椎、骨盤、
左大腿骨
テントを張っていた場所
流木の丸太
携行ストーブの部品
ホッキョクグマ皮
アンドレーの頭蓋骨
流木の丸太の下で
発見
流木の丸太
寝袋
流木の丸太
荷物
かご
テント上の岩棚
薬箱
アンドレーの猟銃
アンドレーの遺骸
繊維に覆われた状態
鋸
クジラの肋骨
モルヒネ
錠剤
ボウル
フレンケルの頭蓋骨、左腕と
左手を含む上半身
繊維に覆われた状態
マグカップ
プリムス・ストーブ
流木の丸太
白い錠剤の
入った瓶
ホーンの石塚　１９３０年に
グンナル・ホーンが建てたもの。
下の地面からの高さは４～５メートル
ズボン
靴下

クヴィト島の野営地跡

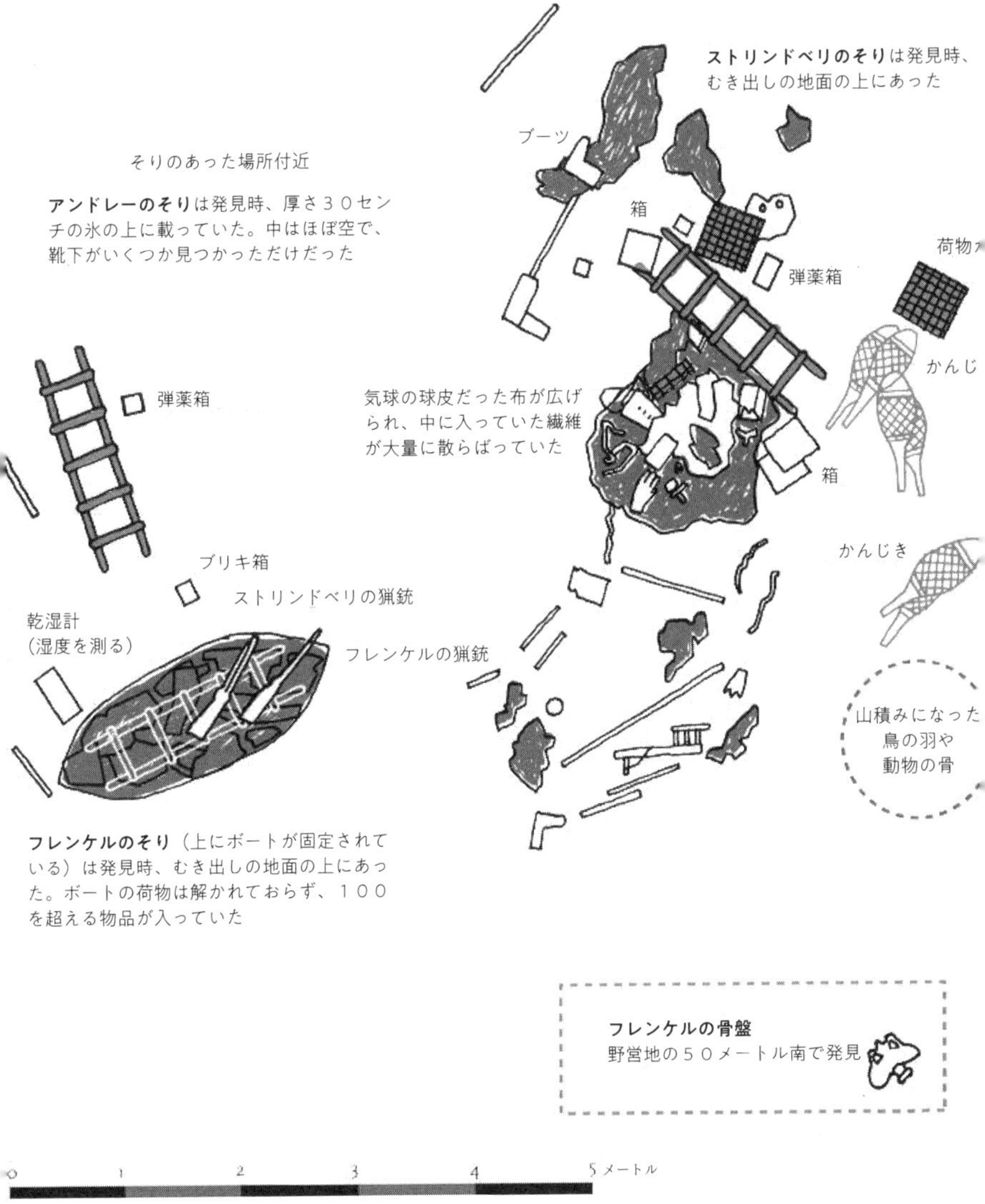

ストリンドベリのそり は発見時、むき出しの地面の上にあった
ブーツ
そりのあった場所付近
アンドレーのそり は発見時、厚さ３０センチの氷の上に載っていた。中はほぼ空で、靴下がいくつか見つかっただけだった
箱
荷物
弾薬箱
かんじ
弾薬箱
気球の球皮だった布が広げられ、中に入っていた繊維が大量に散らばっていた
箱
かんじき
ブリキ箱
ストリンドベリの猟銃
乾湿計
（湿度を測る）
フレンケルの猟銃
山積みになった
鳥の羽や
動物の骨
フレンケルのそり （上にボートが固定されている）は発見時、むき出しの地面の上にあった。ボートの荷物は解かれておらず、１００を超える物品が入っていた
フレンケルの骨盤
野営地の５０メートル南で発見
0
1
2
3
4
5 メートル

波打ちぎわから百五十メートル、低い岩山のふもとで、アンドレー探検隊の小さな野営地の跡が見つかった。岩山の高さはほんの数メートルで、風よけにはあまりならない。過ぎ去った年月のあいだに、動物がこの野営地を訪れ、遺体や装備を引き裂いては散らかしていった。発見時には、服や人骨が岩山の下の砂地に散らばっていた。テントは壊れていたが、岩山に沿って張った跡はあった。テントの底は凍結して砂にこびりついたままだった。テントの大きさは奥行き二・三メートル、入り口のある側の幅は一・六五メートル。探検隊員たちはテントのまわりに、岩山に接した長方形となるよう、流木の丸太やクジラの肋骨を置いていた。テントが風で飛ばないよう、テントのペグあるいは本体を固定しようとしたのだろう。長方形の大きさは幅二メートル、奥行き三メートルほどだった。

テントを張った場所の中央、壊れた荷物かごの下で、クヌート・フレンケルの遺骸の一部が見つかった――頭蓋骨、上半身、左腕と左手だ。（右腕の一部、右脚と右足は、テントの外で見つかった。右の前腕と左脚は見つかっていない。）フレンケルは上半身が岩壁と直角になった状態で横たわっていた。頭が岩のくぼみにはまって凍りついていていた。左側を下にして横になり、腕を曲げて、頭の下に手を入れていた。指は曲がっていて、爪や組織が残ったままだったが、実際に見た人によれば、力をこめて握りしめているようだったという。手袋はしていなかった。フレンケルが発見されたとき現地にいた人の複数が、それぞれ別々に証言したところによれば、茶色または赤茶色の髪がまだ残っていて、帽子をかぶっていたという。この帽子は、その後の記録にいっさい載っていない。フレンケルの遺体の上に載っていた荷物かごはぼろぼろで、中身があたりに散らばっていた。遺体は何層もの繊維に覆われていた。凍結してこびりついたジャケットやセーターなどだ。テントの床には、ウールの毛布の残骸が散らばっていた。フレンケルが着ていた服はぼろぼろに破れていて、断片ばかりが見つかったが、ボタンがすべてとまっていたので、死亡時に着ていたものと判断されている。上半身には服を六枚重ね着していた。顔の前に、岩壁に立てかける形で、割れた茶色いガラス瓶が置いてあった。瓶になにが入っていたかはわかっていない。フレンケルの頭の脇、岩山と雪のあいだに押しこまれたような形で、モルヒネの錠剤の入ったガラス管があり、〝Morph〟と記されたラベルがついていた。中はほぼ空だった。栓がしてあった。このモルヒネのガラス管があった場所については、初期の記録にしか言及がない。**フレンケルは、手の届くところにモルヒネを置いた状態で亡くなった。**

フレンケルの遺体の後ろには、缶詰の入った未開封の銅製の箱がふたつ、小さなアルミの箱といっしょにくくって置いてあった。遺体のまわりに散らばっていた服の山の中から、缶詰がさらに数個と、茶色の手帳が三冊、サングラス、折り畳みナイフが見つかった。フレンケルがつけていた気象観測日誌もそこにあり（最後の記述は一八九七年十月三日）、ストリンドベリの手帳のうち一冊も見つかった（最後の記述は十月七日に鉛筆で書かれている）。フレンケルの頭上、小さな岩棚の上に、調理用の容器、果物ナイフ、スプーンなどが見つかった。探検隊の三人が入れる寝袋は空で、くしゃくしゃに丸まった状態で、テントの短辺側の端で見つかった。テント跡の発掘では、鋸、アルミ製の皿に加えて、氷でいっぱいになった鍋も見つかり、この中からはのちにラプスコイス〔肉、じゃがいも、玉ねぎの煮込み〕に似た食事の残りが見つかった。

フレンケルのズボン下とズボンはぼろぼろに破れ、テントの外で見つかった。ポケットに猟銃の弾薬は入っていなかった。右脚は見つかったが、ブーツを履いていなかった。骨盤はテントから五十メートル南にあった。野営地跡では、フレンケルのものと推測されるぼろぼろのブーツが一足見つかっている。革紐は解いてあり、脱いだあとのようだった。**フレンケルは死亡時、手袋もブーツも身につけていなかった。**

テントを囲んでいた流木の丸太の下から、サロモン・アウグスト・アンドレーの頭蓋骨が見つかった。むきだしの地面の上にあり、厚さ二十センチの氷の層に覆われていた。頭蓋骨は帽子をかぶった状態だった。凍結して頭蓋にこびりついていたその帽子の中からは、動物の毛皮または人の髪の毛とみられる有機物が見つかっている。帽子は破れていて、そのまま現地に置き去りにされた。岩山を九十センチ上がったところにある岩棚で、アンドレーの遺骸の大半が見つかった。ぱっと見たところ、上半身を岩壁にあずけて座っているようだったが、彼の骨がのぞいていた繊維の山を調べたところ、遺体のかなりの部分がなくなっていることがわかった。アンドレーの脚のひざから下と足の骨はすべて揃っていて、ズボン下、ズボン、ブーツを身につけていた。どちらの脚もまっすぐ伸びた状態だった。服の山には、ぼろぼろに破れた布だけでなく、損傷のない服、靴下、手袋、帽子も含まれていた。死亡時のアンドレーが上半身にまとっていた服は、引き裂かれ破れた状態で、岩棚の上で発見された――その中に、ホッキョクグマの毛にまみれ、片方の袖がなくなったジャケットもあった。このジャケットの内ポケットに、途中で記述の途絶えた二冊目の日誌と、鉛筆、歩数計が入っていた。最後にこの日誌が書かれたのは十月八日だった。アンドレーの脊椎、骨盤、左大腿骨は、テントを張った場所のすぐ外で見つかった。手はどちらも見つからなかったが、一九七八年に服の保存作業をおこなった際に、手袋の中から爪が三本見つかっている。**アンドレーは死亡時、手袋もブーツも身につけていた。**

アンドレーの遺体のそばにあった服の山の下から、彼の一冊目の日誌が見つかり、こちらは探検に関する記述で最後まで埋めてあった。この日誌はセーターに包まれ、さらにそのセーターの中には、ブーツの断熱材として使われていた干し草、オニナルコスゲが詰めてあった。これがさらに、気球の球皮として使われていた布で包んであった。この日誌の最後の記述は十月二日付だ。服の山のそば、岩棚を少し上がったところに、探検隊のプリムス・ストーブがあり、燃料のケロシンがまだ入っていた。ためしに火をつけてみると、クヴィト島に三十三年間放置されていたにもかかわらず、まだ使える状態だった。岩棚には、アルミのマグカップと、食事をした痕跡のあるボウルもあった。アンドレーの左側に、彼の猟銃と、斧があった。銃口は足のほうに向けられていた。一九三〇年の写真を見ると、猟銃の撃鉄が半分起こしてあるので、おそらく弾がこめられていたものと推測されるが、確証はない。アンドレーのズボンのポケットには、マッチと、猟銃の実包が入っていた。**探検隊の三人のうち、アンドレーだけが武装していた。**

アンドレー探検隊に関する本はほぼどれも、アンドレーとフレンケルはテントの中で並んで眠るように亡くなった、としている。これまでの研究者は、アンドレーが見つかった岩棚の上もテントに覆われていた、という前提で考えていた。だが、この前提がまずおかしい。それにしてはテントが小さすぎる。**フレンケルとは異なり、アンドレーは死亡時、テントの中にいなかった。**

テントの外の地面には、さまざまな品が大量に散らばっていた。探検隊が持参した調理用携行ストーブの部品、薬箱、ホッキョクグマの毛皮、フレンケルとアンドレーの骨などだ。岩山から海岸にかけての斜面で、ラベルのついていない瓶がひとつ見つかり、白い錠剤のような、おそらくキャラメルと思われるものが、四分の三まで入っていた。テントから数メートルのところで、流木の丸太が五、六本、重ねて岩山に立てかけてあった。そこからやや離れたところにも、もっと細い材木が積み上げてあった。

ストリンドベリのそりは空で、テントから約四メートル離れたところで見つかった。すぐそばの地面に、このそりに積まれていたにちがいない大量の物品が散らばっていた。気球の球皮だった布の包みが開いてあり、中に服などの繊維が入っていたほか、壊れた荷物かごがふたつ、弾薬箱がひとつ、計測用科学機器も複数あった。ストリンドベリの手紙や写真、フレンケルのものだった手紙、フレンケルの手帳のうちの一冊も、ここで見つかった。そりの脇の地面には、かんじきが三足あった。うち一足は細い糸でくくられたままだったので、おそらく未使用と思われた。

アンドレーとフレンケルのそりは、テントから約十メートル離れたところで見つかった。アンドレーのそりはほぼ空で、靴下がいくつか見つかっただけだった。フレンケルのそりには、帆布のボートがくくりつけられていた。ここに百を超える物品が入っていた。フレンケルが自分の私物を入れていた、重さ十七キロの袋は、ボートの中には入っていなかった。代わりに入っていたのは大量の服で、ウールのセーター、手袋、靴の片方、ブーツの片方、毛皮の帽子などがあったほか、探検隊が持参した猟銃三挺のうち二挺もここにあった（ストリンドベリの二連銃と、フレンケルのレミントン単身銃）。**クヴィト島で最後のひとりが亡くなったとき、探検隊が持参した猟銃三挺のうち、二挺はテントから十メートル離れたところにあった。**

探検隊の三人のうち、墓に埋葬されていたのはニルス・ストリンドベリだけだ。ストリンドベリのあとに生き残ったふたり、またはひとりが、テントから二十八メートル離れたところ、ふたつの大きな岩のあいだの狭いすきまに彼を横たえ、埋葬することにした。すきまに入るよう、力をこめて遺体を押しこんだことだろう。そして、大きさ十センチから十五センチほどの石を分厚く積んで、遺体を覆った。発見時、ストリンドベリの足はブーツを履いた状態で、墓の足側から突き出ていた。セーターなどを三枚重ね着した上にベストを身につけ、下半身にはズボン下を二枚と、紺色のブロードクロスのズボンをはいていた。ストリンドベリは埋葬される前にジャケットを脱がされている。そのジャケットは、丸めてベルトで固定した状態で、野営地跡で見つかった。足には靴下を二枚重ね、干し草を詰めたブーツを履いていた。氷上を歩いているときの写真で彼がかぶっている白黒の格子柄の帽子は、野営地跡のほうで見つかった。頭蓋骨は体から引き離されて、墓の足側から三メートル離れたところで見つかった。

わたしは地図を凝視する。なにかを伝えているはずなのだ。ただ、それがなんなのかがわからない。

レナート・シェランデルは国家刑事警察に勤める鑑識官で、犯罪現場の分析が専門だ。彼がふだん分析をするときには、たいてい訪ねていける犯罪現場があって、そこで付近一帯の鑑識捜査を徹底的におこなう。加えて、事件が起きてからの経過時間は短ければ短いほどよい。今回はすでに、百年以上が経過している。

手がかりとなるのは、新たに描いた地図と、現場の写真、そして、わたしがこれまでにさまざまな記録や目撃者の証言を調べてつきとめた事実だ。三人がポケットになにを入れていたかはわかっている。遺体や装備が発見されたときの位置もわかっている。そりに載せられていた荷物のうち、なにが出されていたかもわかっている。なにが出されていなかったかも。さまざまな物品の見つかった位置については、無視せざるをえないケースが大半だろう。過ぎ去った年月のあいだに、動物が野営地を荒らしているからだ。とはいえ、現場には人間活動の痕跡も残っている。犯罪現場の検証では、物品を探し出し、その相関関係をもとに、ものごとの因果関係を推測しようとする。なにがあったのかを再構築するにあたって、重要な役割を果たすのはそうした手がかりだ。わたしたちは鍵となる活動の痕跡を探す。それらを組み合わせて、考えられる事件の経緯を再構築する。

現場の分析からは答えを出せない問題もある。一部の事実はどうしても欠けたままだ。その穴を憶測で埋めてしまわないことが重要になる。それをすると、分析そのものの信頼性も信憑性も崩れてしまう。

わたしたちは野営地跡の細部をひとつひとつ、じっくりと検証する。少しずつ、新たな像が浮かびあがってくる。

わたしが出せた結論――

［×］アンドレーは死亡時、手袋、帽子、ブーツを身につけていた。しっかり服を着こんでいたわけだ。テントの外にしばらくいるつもりだったのだろう。

［×］アンドレーは岩棚に座っていた。死亡時、テントの中にはいなかった。両脚を平行に伸ばした体勢で見つかった。ホッキョクグマが遺体を岩棚に引っぱり上げたのだとしたら、遺体はまったくちがった体勢になっていたはずだ。したがって、アンドレーは死亡時、岩棚に座っていた。

［×］アンドレーは脇に猟銃を置き、ポケットに弾薬を七つ入れていた。身を守る準備をしておかなければ、と感じていたのだろう。

［×］アンドレーは岩棚で、日誌をそばに置いていた。日誌は傷んでしまわないよう、耐水性のある素材で包まれていた。野営地跡で見つかった中で、このような扱いを受けている日誌はこれだけだ。この行動には、なにかの意味がこめられているのだろうか？　日誌を後世に遺そうとした？　アンドレーは、自分がもうすぐ死ぬことを認識していたのか？

［×］アンドレーはストリンドベリの財布を自分のポケットに入れていた。ストリンドベリの所持品を管理しようとしていたわけだ。したがって、ストリンドベリが亡くなったとき、アンドレーはまだ生きていたにちがいない。フレンケルもストリンドベリも、ほかの隊員の所持品を自分のポケットに入れてはいない。なぜフレンケルではなく、アンドレーが、ストリンドベリの所持品を管理していたのだろう？

［×］フレンケルはブーツも手袋も身につけていなかった。十月のクヴィト島で、ブーツを履かずにあたりを歩きまわっていたとは考えにくい。ブーツを使わずにすむ場所はただひとつ——寝袋の中だ。フレンケルがブーツも手袋も身につけていなかったとなると、彼は寝袋に入ったまま亡くなったと考えるのが自然だろう。

［×］モルヒネが荷物から出されている。氷上徒行のあいだ、モルヒネの入ったガラス管は薬箱にしまってあった。それが、クヴィト島で出された。モルヒネのガラス管はフレンケルのそばで見つかった。フレンケルは鎮痛薬が必要な状態だったということだろうか？

［×］フレンケルはそばに猟銃を置いていなかった。ポケットに弾薬を入れてもいなかった。武装していない状態で亡くなっている。自分の身を守ることができないほど衰弱していたのだろうか？　フレンケルがもし、ストリンドベリとアンドレーのあとに亡くなったのだとしたら、クヴィト島に生き残った最後のひとりとして、いっさい武器を用意することなく寝袋に入って眠るとは考えにくい。フレンケルとアンドレーが同時に亡くなったのでなければ、アンドレーのほうがフレンケルよりも長く生きていたのだろう。猟銃をそばに置き、ポケットに弾薬を入れ

ていた人間こそ、最後まで生き残った人間であるはずだ。

［×］ストリンドベリとフレンケルの猟銃は、テントから十メートル離れたボートにの中にあった。猟銃がなぜボートに？　氷上を歩いているあいだは三人とも、それぞれ自分の銃を携えていた。銃の置き場所は一時的なものだったように思える。ちょっとしばらく置いておこう、と思っただけなのではないか。

［×］ストリンドベリはジャケットを脱がされて埋葬された。ストリンドベリのあとに生き残り、彼のジャケットを脱がせたふたり（あるいはひとり）は、このジャケットはまだ使えるかもしれない、と考えたのだろう。したがってその人物は、自分ももうすぐ死ぬとは思っていなかった。

［×］ストリンドベリのジャケットには裂け目があった。ジャケットは丸められてベルトでくくられ、留め金で固定された状態だった。こうしてクヴィト島での三十三年間、ジャケットは肉食獣から守られていた。発見されたジャケットには、左肩と袖に裂け目があった。これらの裂け目は、ストリンドベリがまだ生きていたあいだについたにちがいない。

［×］ストリンドベリのペンダントヘッドが、ズボン下の中に入っていた。首にかけていたペンダントが取れて、肌着の下をすべり落ちていったのだろうか？　本人がまだ立っているあいだに？


ストリンドベリは、アンドレーよりも先に亡くなった。

フレンケルは、アンドレーよりも先に、または同時に亡くなった。

最後まで生き残った人物は、最後から二番目に亡くなった人物を埋葬していない。そうする体力が残っていなかったのだろうか？　それとも、時間がなかった？

この午後、わたしはずっと博物館にいて、クヌート・フレンケルの弟からの手紙を読んでいた。閉館まであと一時間、そのあとは車でストックホルムに戻る予定だ。わたしはまたもや目録をめくる。クヴィトーヤ島で発見されてスウェーデンに持ち帰られたもの、すべてを記した一覧表がそこにある。博物館の収蔵品にはそれぞれ目録カードが割り当てられ、番号がついている。五三六番と五三七番は、ニルス・ストリンドベリがクヴィトーヤ島で身につけたまま埋葬されていた、二枚のズボン下であるらしい。ズボン下。まだ残っているなんて知らなかった。一九三〇年代にでも捨てられてしまったものと思いこんでいた。博物館の地下階に、ぼろぼろすぎて復元できない資料を入れた箱がいくつもあるのは知っていたけれど、毛糸の靴下とか、古い紐の切れ端とか、そういうものばかりだろうと思っていた。閉館まで、あと一時間だ。

箱を出してもらう。ピンク色の薄葉紙を開いて、二枚あるズボン下を両方、テーブルの上に並べる。死のにおい。砂にまみれてしわくちゃになった布を伸ばしてみる。はじめ、わたしはなにも気づかない。頭は空っぽのまま、ただ、ひたすら見ている。自分でもなにを探し求めているのかわからずにいると、目の前にあるものを見ていても、なかなか判断を下せない。ほんものの証拠というのは自己主張をしないものだ。それでも次の瞬間、わたしははっとする。謎が解けた、と思ったことはもう何度もある。ぬか喜びはうんざりだから、同じことがまた起こったいま、わたしは冷静であろうと努める。それなのに、心臓がどくんと跳ねて喉まで上がってきた気がする。ズボン下は二枚とも、脚の片方が欠けている。どちらも右腿の上のほうで布がちぎれている。わたしはしわくちゃのまま硬直しているウール生地を広げ、ちぎれた布の縁に目を凝らす。ズボン下を裏返してみて、ようやくはっきりした。ストリンドベリが死亡時にはいていて、そのまま埋葬されたズボン下、それから三十三年間、厚さ五十センチの石の層に覆われて、肉食獣からも嵐からも守られていたこのズボン下は、布がななめに破れてなくなっている。股から右腰の上のほうまで破れているのだ。布には黒ずんだしみがついている。血のようにも見える。

なにかの理由で、ズボン下の脚の部分が破れ、取れてしまったわけだ。一九三〇年、ストリンドベリが発見されたときに破れたのだろうか？　岩のすきまから彼の遺体を掘り出したときに、なにか鋭い工具を突き刺してしまったとか？　いや、それはない。肉眼で見ても、この布が切断されたのでないことは明らかだ。鋭利な道具で布が損なわれたのなら、こうはならないはず。この布は、引きちぎられている。

なにかの理由で、ズボン下の右脚部分が二枚とも引きちぎられた。布の縁をよく見てみると、ギザギザになっているのがわかる――一定の間隔を置いて、布にとがった切り込みが入っているように見

える。とがった部分は五つあり、そこから脚の部分が破れている。まるで動物の爪跡のようだ。

もはや避けては通れない。行くしかないのだ。到達不能な島へ。

12.

氷の島

ついにたどりついた場所

わたしは自分の遠征隊を結成した。目的はただひとつ、クヴィト島にたどりつくこと。半年前から苦労して資金を集め、わたしを島まで連れていってくれる船を探した。もっとも、自分で遠征隊をつくったからといって、それで成功できると決まったわけではない。この夏は毎日、午後一時を五分過ぎたころに、met.noのサイトを訪れている。十三時に海氷図が更新されるのだ。衛星写真をもとにした地図で、流氷が海面をどのくらい覆っているかによって色分けされている。〝最密氷域〟、つまり海面の九十～百パーセントが氷に覆われている海域は、地図上に赤く表示される。これが日によって変わるのだ。ひとつ嵐が来ただけで、開放水面だった場所が数時間後、北から流れてきた新しい氷盤でいっぱいになっている、ということもある。

わたしの船は、緑色の海域、いわゆる分離氷域（海面の四十パーセントまでが氷盤に覆われている）であれば楽に進める。疎氷域（海面の七十パーセントまでが覆われている）では、短い距離なら進めるけれど、砕氷船ではない。密氷域や最密氷域となると進むことはできない。もう頭が痛くてしかたがない。何か月ものあいだ、頭の中でクヴィト島周辺の氷をどかそうとしてきたから。ところが、この夏はいつもとちがっている。まれにみる暑さで、流氷が先週散り散りになって以来、クヴィト島周辺は地図上で緑のままになっている。ロングイェールビーンの港から出発した二日前も、まだ緑だった。いまはもうわからない。わたしたちはいま、携帯電話の電波からも、衛星写真による更新情報からも、はるか遠いところにいる。

時刻は二十二時五十七分。三日半前から陸地を目にしていない。ついさっき、目的地まで流氷はいっさいないようだ、と船長が教えてくれた。あと二時間と三分で、わたしがこの十五年のあいだ生きてきた人生が終わる。〝クヴィト島以前〟の人生が終わって、〝クヴィト島以後〟という新たな人生が始まる。わたしは服を着こんで船室にこもり、布団二枚と毛布をかぶっている。もっとワクワクしたいのに、いまはとにかく布団の下にもぐっていたい、そっとしておいてほしい、という思いしかない。

まるで、この先に、つらくてたまらないなにかが待っているかのよう。

あと一時間四十二分。緊張のあまり吐き気がする。あと一時間三十九分。もうこうしてはいられない。わたしは甲板に出る。足をすべらせないよう、濡れた床板をじっと見下ろしている。船べりに沿って、船首まで歩いていく。そして、顔を上げる。空も、海も、同じ濃厚なブルーグレーに溶けあっている。けれど、まっすぐ前方、空と海のはざまに、真っ白な光が見える。まぶしくて目を細めずにはいられないほどの強烈な光。水平線全体が明るく照らされている。

あれが、クヴィト島。

クヴィト島は、みずから光を放つ島だ。

ゴムボートから一歩離れて、波打ちぎわへ。次の一歩が、わたしのクヴィト島での第一歩になる。この海岸を写した古い白黒写真なら、もう何百回と見てきた。フォトショップで写真を開いて、ピントを調節してシャープにしたり、ズームアップしたりもしてきた。写真の中に入りこんで、できるかぎり近くへ寄れるように。けれど、こうしてこの場所に、ブーツを砂にうずめるようにして降り立ってみて、わたしはようやく、現実のこの島がどんな場所かを理解する。写真では、風までは感じられない。クヴィト島の海岸を吹く風に乗って、無数の砂粒があたりを舞い、そのせいで頬がひりひり痛むのもわからない。一九三〇年の写真にいくら目を凝らしても、その写真の枠の外に広がる現実の映像までは伝わってこない。写真は縦二十四センチ、横三十センチでとぎれているけれど、現実の像は果てしなく続いている。わたしの視界の半分では、北極海が色あせて空と溶けあっている。視界のもう半分は、発光するクヴィト島の氷河で満たされている。白黒写真ではわからないけれど、灰茶色の海岸の向こうには、氷河が巨大な白い壁となってそびえているのだ。ここにいると、存在するのはこの浜辺だけのような気がしてくる。幅三千メートル、奥行き三百メートル。出口はひとつもない。

わたしはアンドレーの野営地をめざしてゆっくりと移動する。初めてだけれど、どう行けばいいかはわかっている。もう何度も歩いた道だ。氷河がとけて流れる小川で、砂地が縞模様になっている。時刻は夜中の一時四十五分だけれど、あたりは氷の色をした白い靄に包まれている。風の力で、湿った砂粒がわたしの顔にたたきつけられ、口の中やまつげのあいだ、ブーツの中、服のしわの中にまで入りこんでくる。湿気のあまり、服の色がほんの一時間ほどで濃く変わってしまった。わたしの〝パフォーマンス・シェル・アクティブ・プロ・ゴアテックス〟パンツが、ずしりと重くなってひざにまとわりつく。肌着を三枚も重ねているのに、それでも湿気がしみこんでくるのがわかる。地面のあちこちに流木が散らばっている。シベリアの川に運ばれ、潮の流れに乗ってここの海岸にたどりついた流木だ。わたしはそのうちの一本を持ち上げようとしてみる。けれど手がすべるばかりで、木はびくともしない。野営地跡が近づきつつあり、わたしの動きは緩慢だ。まるで夢の中のよう。かつてないほど覚醒しているのに。わたしはこの場所を、あまりにも長いこと自分の内に抱えてきた。だからいま、こうして実際にここを歩いていると、自分自身の中を歩いているように感じる。

わたしはいま、自分自身の中を歩いている。

写真とはちがう方向から近づいていったけれど、それでもアンドレーのいた岩山は見分けられた。写真で見て思っていたより、ずっと低い。三人はどうして、重いそりをわざわざここまで運んできたのだろう？　筋が通らないと感じる。この海岸には、もっといい風よけになりそうな場所がいくつもあるのだ。起伏の大きな砂丘、もっと高さのある岩山、そういうところにテントを張ったほうが、風から身を守れたのではないか。どうしてこんな、ろくに風も避けられないお粗末な場所を選んだのだろう——ふたたびそう考えた瞬間、わたしははたと悟る。この風。いまは北からまっすぐに吹きつけてきている。北極圏のこのあたりには、ほぼつねに北風が吹いている。けれど、探検隊の三人が、春までテントを守ってくれそうだと考えて選んだこの低い岩山、わたしがいま立っているこの場所は、この海岸にある中で唯一、南風をよけることのできる場所だ。アンドレーがここにたどりついたときには、南風が吹いていたにちがいない。

目の設定がカラーから白黒に変わるのに、しばらく時間がかかったけれど、わたしは不意に、自分がどこにいるかを理解する。いまわたしが立っているのは、フレンケルが亡くなっていた場所だ。そこから二歩、岩山を上がってみる。アンドレーが発見されたときに座っていた、まさにその場所に、彼と同じように両脚を伸ばして座ってみる。そうして顔を上げると、アンドレーが見ていたのと同じ光景が見える。

わたしは、ストリンドベリの墓をじっと見つめている。

一八九七年十月九日、アンドレーがテントの扉を開けてみると、ついに雪がやんでいた。青みがかった光が海岸を包みこんでいる。もう夕方だ。三人とも、疲れが取れるまで眠る必要があった。そろそろ仕事にかからなければ。ストリンドベリとフレンケルが小屋づくりのための流木を引きずって歩いていると、ホッキョクグマが近づいてくるのが目に入る。氷河のほうから下りてきたにちがいない。ふたりは大声をあげてホッキョクグマを追い払おうとするが、クマが気にとめているようすはない。時間をかけて、ゆっくりと近づいてくる。狙っているのはアザラシの肉だ。ストリンドベリが駆け寄ってクマを追い払おうとする。

ストリンドベリがホッキョクグマからわずか数メートルの距離まで近づくと、クマがアザラシ肉からふと顔を上げ、視線を移す。驚いているように見える。次の瞬間、後ろ足で立ちあがる。最初の一撃でストリンドベリが倒れる。獲物が倒れてしまえばあとは簡単だ。ホッキョクグマはストリンドベリの頭をがぶりとくわえ、牙を立て、ぶんぶん振る。フレンケルがクマに駆け寄り、大声をあげ、手近なものを投げつける。猟銃はボートに置いたままで手が届かない。アンドレーは自分の猟銃を構えるが、ストリンドベリに弾が当たってしまうのが怖くて、なかなか狙いを定められない。それでも一発目を宙に放つと、クマはその鋭い音に驚き、獲物を手放してのその去っていく。

ストリンドベリがあまりにも不自然な体勢で雪の中に倒れている。青白い風景の中で、彼の服だけがどす黒く見える。アンドレーはその体のそばでひざをつく。あらゆる方向に視線を走らせるが、クマがどちらへ行ったのかわからない。氷河の上のほうへ逃げていったのだろうか？　視界が悪すぎる。暗くなってきた。

荷物を固定するベルトが、風に吹かれてはためく音。フレンケルがうめいている。彼もやられたのか？　ほら、おいで、テントの中で横になりなさい。アンドレーはモルヒネと、水の入った瓶を出してくる。三錠。さあ、のみこむんだ。寝袋に入りたまえ。寒いだろう。

夜が明けると、フレンケルの容体は悪化している。うめき声はもう、かすかな泣き声のようなものでしかない。クマが戻ってきた場合にそなえて、一晩じゅうテントの外で見張りをしていたアンドレーは、いま、ストリンドベリのほうへ歩いていく。筋肉のいっさいはたらかなくなった人間の体は、引きずるのも重い。ときおり体を手放して、ゆっくり息をつかずにはいられない。さして遠くへは運べず、最初に目についた岩のすきまで満足するほかない。ストリンドベリのズボンのポケットに手を入れる。財布と、彼の持っていた銃弾を取り出す。冬にそなえて取っておくため、彼のジャケットを脱がせる。ニルス・ストリンドベリのひげの生えた頬に、最初の石を置くのが苦しい。それでも、もうひとつ。もうひとつ。やがてその顔が石に覆われて見えなくなる。ニルス・ストリンドベリは、もういない。〝天にましますわれらの父よ〟。石の上に、また石を置く。指輪をはめた手も、石に埋もれていく。〝願わくは御名をあがめさせたまえ〟。アンドレーはあたりを見まわす。〝御国を来たらせたまえ〟。クマは戻ってくるだろうか？

テントに戻ると、フレンケルの声がやんでいる。彼はぴくりとも動かない。そして、すっかり冷たくなっている。アンドレーは岩山を二歩のぼって岩棚に上がる。腰を下ろす。このときになって初めて、北極圏の冬を彩る最初のオーロラが天に押し寄せていることに気づく。今年最後の日没は十日後だ。彼はいま、存在しない場所にいる。この島の名すら知らない。ホッキョクグマはかならず戻ってくる。しかも一頭しかいないわけではなく、あれが最初の一頭だったというだけだ。これから四か月、彼はひとりきり、完全な暗闇の中で過ごすことになる。次に太陽が昇るのは二月の末だ。ここを去る日は、もう来ない。春になってから、スピッツベルゲン諸島にある補給基地まで、ひとりきりで荷物とボートを載せたそりを引いて歩いていくのは、とても無理だ。これからずっと、死ぬまで毎日、ホッキョクグマの襲来を警戒しつづけなければならない。不意を突かれる日が、いつか、かならずやってくる。遺書は書かない。代わりに、荷物を入れたかごの中から、日誌を取ってくる——この探検が完全な失敗ではなかったという証拠を。一ページ目に、くっきりと、誇らしげに書かれた文字——〝アンドレー北極探検隊〟。なにかの価値はあったはずだ。なにかの価値は。保管用にウールのセーターを取ってきて、それで日誌を包む。彼自身にはもう、ウールのセーターなど必要ない。その包みをさらに、気球の布でくるんでやる。湿気に耐えられるように。

　サロモン・アウグスト・アンドレー、王立特許登録庁に勤務する上級技師、もうすぐ四十三歳になる彼は、絹布のテントの上の岩棚にひとり座っている。ホッキョクグマの威力はもう見せつけられた。

弾をこめた猟銃は左側に置いてある。ズボンの右のポケットに弾薬が七つ。ガラス管から出したモルヒネの錠剤が四つ。死にたくない。さあ、のみこむんだ。彼は、ストリンドベリの墓をじっと見つめている。目を閉じる。また目を開ける。ストリンドベリの墓。彼は目を閉じる。

きみはいま、ぐっすり眠っているのだろうね。ひょっとして、きみのニルスの夢を見ているだろうか。だとしたら、楽しい、美しい夢であってほしい。きみが不安な思いに悩まされることのないように。そして、目を覚ましたら日曜日で、父さんもそちらへ出ているだろうから、きっと愉快な一日になる。そう、ここのところ何日かは、こんなことばかり考えている。考える時間はたっぷりあるから、こんな楽しい思い出や、明るい未来の展望があって、それについて考えられるのは幸いなことだ!

エントロピーの法則によれば、宇宙のあらゆるプロセスは無秩序に向かって進んでいる。宇宙は乱雑になるもの。原子はまじりあうもの。生きものはエントロピーが低く、秩序立っている。わたしたち人間は、ものごとの構造をはっきりさせ、整理しようとする。長々となにかのリストをつくり、計算し、計算しなおす。けれど、自然はつねにエントロピーを高める方向へ向かっていて、その力のほうが果てしなく強い。一万年前からある氷河は、ゆっくりと、だが取り返しのつかない形で、斜面をすべり下りていく。氷河がとけて、その水が海水とまじりあう。わたしの体温はもうすぐ、ゴアテックスのジャケットの外の冷気とまじりあう。気温はマイナス十度だ。わたしがもしこの海岸で死んだら、わたしの体温が外気温と同じになるまでに、三十時間半かかる。

自然はわたしたちをむしばむ。凍てつくような風、雨、塩、雪の粒で、わたしたちは分解され、朽ち果て、分子レベル、炭素化合物のレベルまでばらばらになり、ついには炭素原子と水素原子の共有結合も壊れていく。わたしたちを構成する原子は、クヴィト島に存在するこの唯一の狭い海岸で、茶色い砂の粒とまじりあう。

アンナ、1897年5月4日。
ニルスの荷物の中から見つかった写真

さて、そりを引きあげることはできたのだが、今度は水路で隔てられた氷盤から氷盤へと渡り歩かなければならなくなった。このため、ぼくたちは氷盤を押してやって、それがふたつの氷盤が近づくようにした。当然、大きな氷盤だと時間がかかった。そうして進んだあと、ついに広い氷原にたどりついて、ぼくたちはそりを引いて二、三キロ歩いた。そりには一台あたり百六十キロほどの荷物が積んであるので、たいへん重く、最後の一時間は三人みんなで力を合わせて一台ずつ引いて進んだ。いまは、なかなか絵になる氷のそばを野営地にして、テントを張っている。テントの中には寝袋があって、ぼくたちはその中に三人、並んで寝ている。もちろん狭いが、仲良くやっているよ。ああ、書きたいことはたくさんあるが、もう寝なければ。おやすみ、愛[redacted]人よ！

13.

いっしょに行けない
ラブストーリーの悲しい結末

Sunday, September 7, 193

isions

-(AP)—Dis-
m Argen-
hat trad-
enos Aires
t Chicago
lay. De-
hat trad-
had been
Chicago
ended for
in the
same with
ng under
reaction
nd wheat
ion. In the
prices had
a bushel
low. Not
but the
much less
ve badly
ed by the
nore oppo-
final price

and unset-
igher than
closed un-
⅞c higher.
to ⅜c up
from un-
d.

Dec. 90¾@
ay 97½@

⅞c: Dec.
3⅜@94½c;

ec. 43½@
47⅛c.
Dec. 63c;

NEVER RETURNED

Thirty-three years ago this dark-eyed young Swedish girl, Anna Charlier, now Mrs. Gilbert Hawtrey, Concord, N. H., said good-bye to her fiance, Nils Strindberg, brilliant young scientist of Stockholm university. He left with the Andree balloon expedition, headed for the North Pole, but never returned and was never heard from again.

Spain City
By Shar

MURCIA, Spain
A severe earthquak
at 7 o'clock this
the sixth and wors
in the alst few da
was reported, but
was thrown into pa

For stopping th
London subway
Wright was recen
fined.

Native ballads a
being recorded on
in the Philippines
eign countries as

アンナ・シャーリエは、イギリス・デヴォン州にある市営墓地の６６４０番墓所に眠っている。享年七十八。夫のギルバート・ホートリーと同じ墓に埋葬された。だが、その遺体には心臓がない。心臓だけが欠けている。

一九四九年九月四日、ニルス・ストリンドベリの七十七歳の誕生日になるはずだった日。彼の兄弟がストックホルム北墓地に集まった。いまや全員がすでに老人で、外套をまとい、帽子をかぶっている。早朝だ。肌寒い朝。部外者はだれも知らないが、兄弟はいま、アンナ・シャーリエの遺言をひそかに実行しようとしている。アンナの死後、彼女の心臓だけは遺体から切り取られ、燃やされた。兄弟はだれの許可も取らず、だれをも巻きこむことなく、ただニルス・ストリンドベリの墓を開け、小さな銀の櫃を中に入れる。

櫃には、アンナ・シャーリエの心臓が入っている。

二度と戻らず

▸33年前、褐色の目をしたこのスウェーデン娘、アンナ・シャーリエ（現ギルバート・ホートリー夫人、ニューハンプシャー州コンコード在住）は、婚約者であり、ストックホルム大学に所属する若き俊英科学者でもあった、ニルス・ストリンドベリに別れを告げた。氏はアンドレー気球探検隊の一員として北極をめざしたが、二度と戻らず、そのまま消息を絶った。

息子にはよく、こんなふうに言われる——なにが死因かなんて、べつにどうでもいいんじゃないの？　三人とも、クヴィト島で死んだ。もう死人なんだ。百年以上前に終わったことだ。

答えを出すことはたぶん、けっしてできない。アンドレー探検隊について知れば知るほど、いったいなにがあったのか、わたしはどんどんわからなくなっていく。そもそも、三人が亡くなったことだって、ほんとうにそうと言いきれる？　クヴィト島で見つかったのは、ほんとうにあの三人の遺体？　心象は色あせていく。最後には真っ白になるだろう。

ひょっとすると、わたしが探していたのは、なにかべつのものだったのかもしれない。

わたしは寒いのが大嫌いだ。体を酷使してわざわざつらい経験をするなんて、興味のかけらも感じない。冒険家にはほど遠い人間だ。それなのに、わたしは成人してからの人生の半分を、百年以上遅れてアンドレー探検隊に入りこもうとすることに費やしてきた。医師になったのだって、なにがあったのかをつきとめるためだったのではないか、と自分で思ったりもする。三人といっしょに行けると思っていた。なのに、いつまでも追いつけない。クヴィト島にたどりつけたら気が済むだろうと思っていた。が、まちがいだった。北極圏で、わたしたちは同じ写真を撮っていた。三人は、重さ七キロの箱型カメラで白黒写真を。わたしは、携帯電話で。わたしは氷の色見本を集めた。アンドレーは泥の粒を集めて包んだ。

毎日、身を砕いて氷上を歩き、割れることのない陸地をめざしている、だが足下の氷が反対方向へ流れているせいで、同じ場所にとどまらされている、男たち三人。やるせない結末を迎えたラブストーリー。どんな気持ちか、わたしにはわかる。わたしたちはつながっている。アンドレー探検隊と、わたし。

ニルス・ストリンドベリの手帳の一ページ目に、別れに際してアンナ・シャーリエから贈られたカードが貼りつけてある。ちょうど気球が地面から浮かびあがったところを描いた絵。目を凝らしてみると、アンナが鉛筆で、気球の下の地面に自分の姿を描き入れたのがわかる。くるぶし丈の長いスカート、ひとつにまとめた髪。ハンカチを振っている。

さらに目を凝らすと、アンナが気球の中に人を三人描き入れたのも見える。そのうちのひとりが、アンナに向かって手を振りかえしている。

いっしょに行けない。

一酸化炭素中毒

テント内の酸欠

海藻スープでの食中毒

壊血病

旋毛虫症

ビタミンA過剰症

ボツリヌス症

低体温症

鉛中毒

銃創

ホッキョクグマによる襲撃

モルヒネ

死因

プリムス・ストーブによる 一酸化炭素中毒

ストリンドベリは死んだ。外は激しい吹雪だ。クヴィト島に張ったテントは雪に覆われ、換気がどんどん悪くなる。フレンケルとアンドレーはそのテントの中で、プリムス・ストーブを使って調理をする。外に出られないまま一酸化炭素中毒を起こし、昏睡状態に陥ったのでは？

一酸化炭素は有機物の燃焼によって発生するガスで、プリムス・ストーブの燃料を燃やした場合にも発生する。一酸化炭素は無臭かつ無色なので、吸ってもはじめはなにも気づかない。そのうえ濃度が高まれば命にかかわる。最初に表れる中毒症状は、頭痛、めまい、倦怠感だ。そのあとに意識の混濁、吐き気、嘔吐、意識喪失が始まる。高濃度になると体への酸素供給が阻害され、酸欠で死に至る。

極地の歴史をひもといてみると、一酸化炭素中毒の発生が知られている事例はいくつかある。たとえば1914年、ウランゲリ島のテント内で眠っているあいだに死亡した、ステファンソン探検隊の4人などだ。

一酸化炭素中毒が死因であると考えられる根拠	一酸化炭素中毒が死因ではないと考えられる根拠
急速に訪れる死。数時間で3人の命を奪うことも可能	1930年に発見されたプリムス・ストーブには、燃料のケロシンがまだ3/4リットル残っていた。プリムス・ストーブをつけているあいだに死亡したのなら、ケロシンはなくなっているはずだ プリムス・ストーブは、彼らの死亡時、テント内には置かれていなかった。テントの1メートルほど上、岩棚の上で見つかっている ホッキョクグマが野営地を荒らしたとはいえ、クマがプリムス・ストーブをテント内から岩棚に運び上げたとは考えにくい

却下してよし

酸欠のためテント内で窒息死

吹雪のあと、テントが雪に埋もれたせいで、外に出られなくなり、テント内で窒息死したのでは？

徐々に酸素が乏しくなっていくと、体は酸素運搬能力の低下に反応して、動悸、頭痛、呼吸困難、判断力の低下、視野狭窄の症状を呈する。とはいえ、薬で深い鎮静状態にされている人でなければ、酸素が足りなくなっていく中で眠りつづけることはない。健康な人なら目を覚まし、あわてて外に出て空気を吸おうとするだろう。

酸欠が死因であると考えられる根拠	酸欠が死因ではないと考えられる根拠
急速に訪れる死。数時間で３人の命を奪うことも可能	一酸化炭素中毒の場合と同じ。アンドレーはテント内で死んでいない 眠っている人が酸欠になれば、呼吸困難で目を覚ます
却下してよし	

海藻スープでの食中毒

氷の中に見つけた海藻で、ストリンドベリがスープをつくっている。3人はつながりを自覚していないが、このスープを飲んだあとに消化器の調子を激しく崩している。この食中毒が死因という可能性は？

日誌には2度、8月21日と23日に、海藻スープをつくったことが記されている。3人はまた"水藻"なるものも食べている。水と海藻をまぜたものをこう呼んだらしい。日誌によれば、3人はこの"水藻"を少なくとも6回は食べている。

極地の歴史において、この種の食中毒が記録に残っている事例はない。

海藻スープでの食中毒が死因であると考えられる根拠	海藻スープでの食中毒が死因ではないと考えられる根拠
問題の海藻には明らかに、3人の消化器が対応できないなにかが入っていた。海藻スープを初めて食べたときには、4日間下痢に苦しんでいる	これが原因だとしたら、最初にスープを食べてから1か月以上経ったあとではなく、もっと早くに亡くなっていたはずだ
却下してよし	

壊血病

体に蓄積されているビタミンCは、３か月もつ。氷上徒行は３か月にわたった。そのあいだは果物も、野菜もなかった。スープに入れた海藻少々がせいぜいで、しかもだれひとりそのスープを好まなかった。クヴィト島に着いてから、壊血病で死亡したのでは？

壊血病はかつて、極地探検家や北極圏の猟師によくみられる死因だった。１９世紀末には、スヴァールバル諸島で越冬していたノルウェー人猟師のうち、２６パーセントが壊血病をわずらっている。９パーセントがこのせいで亡くなってもいる。

体内にあるビタミンCの備蓄が尽きると、体は新たな結合組織をつくることができなくなる。これによって、皮下出血（とりわけ脚）、歯茎や粘膜の出血が起きる。加えて、うつ状態、体力低下、痛み、脚の麻痺といった症状も出る。その後、傷が開いて膿んだり、歯が抜けたりする。壊血病は治療しなければやがて死に至る病だ。

壊血病が死因であると考えられる根拠	壊血病が死因ではないと考えられる根拠
壊血病の際にみられる症状の一部が一致している。フレンケルは脚の痛みを訴えている。フレンケルもストリンドベリも膿瘍ができている。日誌には、ひどく疲れているとの記述がある。	壊血病の表れかもしれない症状は、氷上徒行の早すぎる段階で出てきている 骨が変化している、歯が抜けている、などの記述が解剖記録にない ３人は生肉や血も食べていた。これらはビタミンCを豊富に含んでいる
却下してよし	

ホッキョクグマ肉を食べたことによる旋毛虫症

アンドレー、ストリンドベリ、フレンケルは、旋毛虫に感染した大量のホッキョクグマ肉を食べた結果、旋毛虫症で死亡したのでは？

旋毛虫は肉の中にいる寄生虫だ。冷凍しても生き延びるが、６７度より高温になると死ぬ。１９５０年代、デンマーク人の医師であるトリューゼが、野営地跡で見つかった少量のホッキョクグマ肉を分析にまわした。５つのサンプルのうち２つから、旋毛虫幼虫の嚢胞が見つかった。トリューゼが本を著して披露した仮説によれば、ストリンドベリは心臓に旋毛虫が侵入したことにより、心臓発作を起こして亡くなったという。フレンケルとアンドレーはその後、旋毛虫症で死に至るほど衰弱し、テント内で並んで亡くなった、とされている。

近年の研究によると、スヴァールバル諸島に生息するホッキョクグマのうち、多ければ50パーセントが旋毛虫に感染している可能性がある。１９４０年代と５０年代には、グリーンランドに暮らすイヌイットに感染が広がったケースが複数報告され、４２０件の症例が確認されている。１９５０年代よりもあとになると、人間が旋毛虫症にかかったケースはごくわずかしか報告されていない。

旋毛虫に感染した肉には、幼虫が嚢にくるまった状態で入っている。この肉を食べると、胃の中で嚢が分解される。雌が数千もの幼虫を産み、それが人間の筋肉に広がって、そこでやがて嚢を形成する。最初の症状は肉を食べてから数週間後、下痢や腹痛となって表れるが、じきにおさまる。この段階では、ごくふつうの消化器の不調とまちがわれやすい。肉を食べてから１８～２０日後に、急性期が始まる。この段階での主な症状は、高熱（症例の８８パーセント）、目の周辺の腫れ、筋肉痛、下痢だ。頭痛もほぼかならず起こる。ひじょうにまれではあるが、この病で死に至ることもあり、その場合の原因は心筋炎、肺炎、または血栓によって引き起こされる珍しい合併症である。致死率は０．２パーセントだ。

一酸化炭素中毒

テント内の酸欠

海藻スープでの食中毒

壊血病

旋毛虫症

ビタミンA過剰症

ボツリヌス症

低体温症

鉛中毒

銃創

ホッキョクグマによる襲撃

モルヒネ

旋毛虫症が死因であると考えられる根拠	旋毛虫症が死因ではないと考えられる根拠
探検隊の３人は大量のホッキョクグマ肉を食べていて、生で食べることもよくあった。多いときには１日１人あたり１．７キロを摂取している。旋毛虫に感染した肉を食べたことも何度かあったと思われ、これが大量感染につながった可能性もある 旋毛虫症の症状の一部（下痢、腹痛、筋肉痛、頭痛）は、３人にもあったことがわかっている 旋毛虫に感染した肉が、実際に野営地跡から見つかっている	致死率がひじょうに低いため、全員が同時に旋毛虫症で死んだとは考えにくい 探検隊の３人のだれも、薬箱に入れて持参していた数種類の解熱剤を使ってはいなかった。どの日誌にも、発熱があったとは記されていない。発熱は、旋毛虫症のひじょうによくある症状だ

旋毛虫症に感染していた可能性はあるが、それで死んだわけではない

アザラシの肝臓を食べたことによる ビタミンA過剰症

氷上を歩いていた期間のうち、最後の３週間、３人は猟銃で仕留めたアゴヒゲアザラシのさまざまな部位を食べている。肝臓も食べているのだが、これは毒だ。３人はビタミンＡ過剰症で亡くなったのでは？

ビタミンＡは哺乳類の肝臓に蓄積される。これには毒性があり、大量に摂取すれば死に至ることもある。ビタミンＡは加熱や冷凍をしても破壊されない。アンドレー、ストリンドベリ、フレンケルは、ホッキョクグマの肝臓が毒であることは知っていて、食料が足りないときでもこれを食べるのは避けている。ところが、アゴヒゲアザラシを仕留めたのち、その肝臓を３週間にわたって食べている。アザラシの肝臓にも大量のビタミンＡが含まれている（１グラムあたり１２，０００～１４，０００ＩＵ。ホッキョクグマの肝臓の場合は１５，０００～３０，０００ＩＵ）ことを知らなかったためだ。

極地でビタミンＡ過剰症を起こした事例はいくつか知られている。飢えのあまり、あるいは毒性を知らなかったせいで、探検隊員が大量の肝臓を食べたことが原因だ。１９１１年から１９１４年にかけて南極を探検したメルツとモーソンは、食料不足のあまり、そりを引いていた犬を殺して肝臓も含めて食べたところ、ふたりとも発症した。メルツはビタミンＡの過剰摂取による急性中毒で死亡したと考えられている。

ビタミンＡの過剰摂取による急性中毒は、１００万～１５０万ＩＵを摂取したときに起きる。探検隊の３人がこの量を摂取するには、アゴヒゲアザラシの肝臓を１人あたり８３～１７０グラム食べる計算になる。中毒の初期症状は、吐き気と嘔吐、激しい頭痛、めまい、過敏性、極度の倦怠感、複視、光過敏性だ。腹痛や下痢を起こすこともある。症状は摂取から４～８時間後に表れる。数日後に手足や顔面の皮膚が剥がれ落ちる。まれではあるが、死に至ることもある。

ビタミンA過剰症が死因であると考えられる根拠	ビタミンA過剰症が死因ではないと考えられる根拠
3人は氷上を歩いていた期間のうち、最後の数週間、アゴヒゲアザラシの肝臓を食べている。８３～１０７グラムというのは、アゴヒゲアザラシの体重が２００キロから２５０キロあり、肝臓の重さは１．８キロと言われていることを考えると、ごく少ない量だ クヴィトヤ島の野営地跡から、アザラシの骨が見つかっている アンドレー、ストリンドベリ、フレンケルは3人とも、アゴヒゲアザラシの肝臓を何度も食べたことで、体内のビタミンＡ濃度が上がっていたにちがいない。加えて、ワモンアザラシの脂も食べており、これも少量とはいえビタミンＡを含んでいる	アゴヒゲアザラシを仕留めたのは９月１９日だ。この日のあと、日誌には症状がなにも書かれていない 致死率が低い アンドレーとフレンケルがビタミンＡ過剰症で死にかけているとしたら、ストリンドベリを埋葬できたとは考えにくい
過剰摂取による中毒状態のせいで、体温を維持できずに凍死した可能性は捨てきれない	

アザラシ肉または魚の缶詰を食べたことによるボツリヌス症

3人は、腸内にボツリヌス菌を含んでいるアザラシを食べたことで、きわめて毒性の強い細菌、ボツリヌス菌E型に感染して、体が麻痺して動けなくなったのでは？　あるいは、荷物の中にあった魚の缶詰を食べたことで感染したのでは？

ボツリヌスE型毒素はこの世界に存在する中でも指折りの強力な毒だ。毒素を産生するのはボツリヌス菌という細菌で、この菌は北極海の海底堆積物に含まれ、海底から食料を得ているアザラシの胃や腸に入る。保存食の中で毒素が発生する場合もあり、主なケースは密封前にじゅうぶん加熱されていなかった魚の缶詰だ。この毒素は熱に弱く、加熱すれば破壊できる。菌は冷凍しても生き延びるが、3度以下の温度では増殖できない。

ボツリヌス症はまれな中毒疾患だが、北極圏で起きた事例はいくつか報告されている。保存されたアザラシの肉や内臓を食べたことが原因だ。アザラシ肉によるボツリヌス症も、魚の缶詰によるボツリヌス症も、同じ種類の麻痺を引き起こす。脳神経から始まって、左右対称に麻痺が広がる。初期の症状は、めまい、倦怠感、瞳孔散大、複視、まぶたの垂れ下がり、のどの痛み、口内の乾燥、発話困難だ。そこから麻痺は下へ広がり、全身の随意筋が侵されていく。呼吸筋までもが麻痺すると死に至る。

- 一酸化炭素中毒
- テント内の酸欠
- 海藻スープでの食中毒
- 壊血病
- 旋毛虫症
- ビタミンA過剰症
- ボツリヌス症
- 低体温症
- 鉛中毒
- 銃創
- ホッキョクグマによる襲撃
- モルヒネ

ボツリヌス症が死因であると考えられる根拠	ボツリヌス症が死因ではないと考えられる根拠
急性中毒の場合、進行が速く、探検隊員たちはほぼ同時に死亡することになる アザラシ肉によるボツリヌス症：３人が最後にアザラシを仕留めたのは９月１９日。ワモンアザラシ２頭と、アゴヒゲアザラシ１頭だ。アゴヒゲアザラシは大量の食料になる。食べきるには相当な時間がかかるので、そのあいだに細菌が増殖したかもしれない。アゴヒゲアザラシは９月１９日に射殺されたが、日誌では９月２９日にも言及がある。その時点で、肉を得てからすでに１０日が経っている。クヴィト島の野営地跡で、アゴヒゲアザラシの骨が見つかっている 缶詰によるボツリヌス症：３人は魚の保存食を探検に持参していた。イワシの缶詰や箱、少なくとも９個だ。クヴィト島では空のイワシ缶が２つ見つかっている	アンドレーとフレンケルがボツリヌス症で死にかけているとしたら、その状態でストリンドベリを埋葬し、墓に石を積みあげることができたとは考えにくい フレンケルは腕を曲げて拳を握った体勢で死亡しており、ボツリヌス症によって体が麻痺する事実と矛盾する アザラシ肉によるボツリヌス症：温度が少なくともプラス３度はないと、細菌は増殖できない。最後にアザラシを仕留めた９月１９日以降、気温がマイナス０．５度を上回ったことはない。つまり細菌の増殖には寒すぎる

アザラシ肉によるボツリヌス症：却下してよし
缶詰によるボツリヌス症：まれだが、ありえないことではない

低体温症

クヴィト島は吹雪だった。寒さ、脱水、疲労のせいで、へとへとになった探検隊の３人は無気力状態に陥る。体温を維持するのがだんだん難しくなり、最終的に凍死したのでは？

低体温症は、極地探検家のあいだではたいへんよくある死因で、壊血病と組みあわさっていることも多い。とはいえ、極地での越冬に成功した人もたくさんいる。たとえば、ナンセンとヨハンセンは１８９５年から９６年にかけての冬、フランツヨシフ諸島で、地面に掘った穴の中で並んで横になって８か月を過ごした。

仮説では、アンドレー探検隊の３人は単に寒さのせいで凍死したわけではなく、寒さ、脱水、疲労があいまって亡くなったのだろう、とされている。寒いところに長くいると、人は脱水状態になりやすい。血管が収縮し、血圧が上がり、このせいで尿の生成量が増える。体を動かしたり、下痢をしたりしても、同じく脱水につながる。現代では、体力を消耗する極地探検の場合、脱水症状を防ぐには１日あたり４－５リットルの水分が必要、との計算がある。脱水状態になると、体温を維持するのがよけいに難しくなる。体温が３３－４度を下回ると、矛盾脱衣が起こる（急に暑いと感じるようになる）こともあるが、これはふつう、急速に体温が下がった場合に生じる。体温が３３度を下回ると、反応が鈍くなり、やがて意識を失う。２８度を下回ると心室細動の危険があり、命にかかわる。

- 一酸化炭素中毒
- テント内の酸欠
- 海藻スープでの食中毒
- 壊血病
- 旋毛虫症
- ビタミンA過剰症
- ボツリヌス症
- 低体温症
- 鉛中毒
- 銃創
- ホッキョクグマによる襲撃
- モルヒネ

低体温症が死因であると考えられる根拠	低体温症が死因ではないと考えられる根拠
氷上徒行中、3人は何度も下痢をしており、これは慢性的な脱水状態につながる（フレンケルがもっともこれに悩まされていた） 氷上徒行中、つねに体を酷使していたため、汗の量が増えたはずで、これも脱水状態につながる 何か月ものあいだ、湿った服や濡れた靴下、防水効果のないブーツのせいで、体が冷え切っていた	3人はほんとうに脱水状態だっただろうか？　食事をつくるときにはいつも、プリムス・ストーブに付属した装置で雪をとかし、飲み水にしていた。食事からも水分を補給している。日誌を見ると、スープ、雪どけ水とまぜた薄粥（メリンズ・フード）、ココア、ブイヨン、シロップ水、“水藻”（海藻と水をまぜたもの）、コーヒー、ホッキョクグマやアザラシの血が言及されている
クヴィト島に着いてからは、テント内でじっとしていなければならなかった。体を動かさずにいると熱産生が少なくなる	クヴィト島では下痢を起こしていなかったらしい。下痢について日誌に記されているのは、島に上陸する1か月以上前のことだ
フレンケルとストリンドベリが氷上徒行中に足を痛めたのは、凍傷のせいとも考えられる	凍傷についてもなにも書かれていない。荷物の中にあった手袋やブーツ、靴下などには、使っていないものがたくさんあった。ストリンドベリが亡くなったあと、彼の服や靴を使った形跡もない。アンドレーとフレンケルは、体温を保つためテント内で身を寄せあって亡くなったわけではない 氷上を歩いていた87日間、寒いと日誌に書かれているのは3回しかない。最後の記録である10月3日の気温はマイナス6．2度だ。（ちなみに、ナンセンとヨハンセンは、マイナス44度まで気温の下がった中で、5か月間生き延びている） 3人とも、ほんとうに疲労困憊していたのだろうか？　日誌に残された最後の記述は、テント内にとどまって吹雪がやむのを待つのはもううんざりだ、外に出たい、“少し体を動かしたい”、という内容だ

アンドレーとフレンケルが最終的に凍死した可能性はあるが、低体温症が主な死因であったわけではおそらくない

缶詰による鉛中毒

１９世紀末には、缶詰の密封用のはんだに鉛が含まれていることがよくあった。缶詰のせいで中毒を起こしたのでは？　缶詰の食料を食べるたびに、少しずつ体に毒が溜まっていったのでは？

鉛中毒で亡くなった極地探検家はたくさんいる。缶詰のほかに食料を入手するすべがなく、しかもその缶詰が鉛を含む材料で密封されていた、というケースが多い。１８７２年から１８７３年にかけて、スピッツベルゲン島の《スウェーデン人の家《スヴェンスクフーセット》》で、猟師１７人が越冬中に鉛中毒で死亡した。１９世紀半ばのイギリスの北極探検隊、フランクリン隊の隊員たちも、鉛中毒に見舞われた。彼らの持参した缶詰は鉛で密封されていた。船で使っていた食器にはすべて鉛釉がほどこされていた。船中での飲み水を供給する水道管は、内側が鉛でコーティングされていた。加えて、煙草、茶、ビスケット、チョコレートはすべて、鉛を張ったホイルに包まれていた。

慢性鉛中毒の症状は徐々に表れる。まず生じるのは自発性の喪失と倦怠感だ。そのあともさらに鉛を摂取しつづけると、胃痙攣、食欲低下、便秘または下痢、体重減少、筋肉や関節の痛み、歯茎が青くなるなどの症状が表れる。それからもさらに摂取を続けると、いわゆる“鉛疝痛”、つまり激しい発作的な腹痛や、協調運動障害、意識混濁、記憶障害、麻痺が起こる。痙攣と意識喪失により、最終的には死に至る。

鉛中毒が死因であると考えられる根拠	鉛中毒が死因ではないと考えられる根拠
探検隊の荷物に入っていた缶詰は、鉛を含む材料で密封されていた ２度にわたって個別におこなわれた爪の分析で、鉛の濃度が高くなっていたことが判明している ３人の症状の一部が一致する。倦怠感、腹痛、関節痛 氷上徒行中にフレンケルの精神状態が悪化していたのも、鉛中毒の兆候かもしれない	ほかの症状が欠けている。精神的不活発、自発性の喪失がみられた形跡はない 爪の分析の結果については判断が難しい。鉛の出どころとなりうるものはほかにもたくさんある。爪の鉛濃度が高かったのは、アンドレーが鉛の弾薬の入ったポケットに手を入れて過ごしていたから、とも考えられる 死に至る中毒を起こすほど大量の鉛を摂取していたとは考えにくい

鉛への暴露が少なすぎるため、考えにくい

一酸化炭素中毒
テント内の酸欠
海藻スープでの食中毒
壊血病
旋毛虫症
ビタミンＡ過剰症
ボツリヌス症
低体温症
鉛中毒
銃創
ホッキョクグマによる襲撃
モルヒネ

銃創

クヴィト島で精神的に追い詰められた結果、だれかの命が奪われたのでは？　争いのせいか、人道的な配慮か？　あるいは猟銃の流れ弾が当たってしまった？

日誌を読んでいると、解釈のしかたにもよるが、一方にアンドレー、もう一方にストリンドベリとフレンケル、という対立の構図が行間から読みとれる。ストリンドベリとフレンケルは、アンドレーと歳の差があるうえ、この失敗に終わった探検はそもそもアンドレーの発案だ。ふたりはそれで仲間意識を抱き、互いに味方しあっていたのではないか。アンドレーは日誌に、自分が氷のようすを偵察しに行っているあいだ、ストリンドベリとフレンケルが“座って待っていて、寒がっている”と書いたり、自分とちがってストリンドベリとフレンケルは故郷を恋しがっている、などと書いたりしている。氷上を歩いているあいだ、フレンケルはほかのふたりよりもはるかに重いそりを引かされていた。ストリンドベリとフレンケルは足を痛めたが、アンドレーは難を逃れている。９月２０日、アンドレーは３人が喧嘩を始めたことを日誌に書いている。“……われわれの軋轢の端緒があらわになったことは事実だが。しかし私は、この種が芽吹いて育ってしまわないことを願っている”

銃創が死因であると考えられる根拠	銃創が死因ではないと考えられる根拠
ストリンドベリの死について、日誌にいっさい記述がない	頭蓋骨にもほかの骨にも銃弾の跡はない
アンドレーの日誌の行間からは、一方にアンドレー、もう一方にストリンドベリとフレンケル、という対立の構図が読みとれないこともない	動機が弱い。文明社会に戻るには３人の力が必要だ

流れ弾：ストリンドベリは可能性あり。意図的な殺人：考えにくい

ホッキョクグマによる襲撃

ストリンドベリはクヴィト島で、突然クマに襲われたのでは？　氷上での3人は、ホッキョクグマの危険性をまったく理解していなかったように見える。アンドレーとフレンケルも、ホッキョクグマに襲われて死んだのだろうか？

スヴァールバル諸島周辺には昔もいまも、ホッキョクグマがたくさん生息している。極地の歴史をひもとくと、ホッキョクグマが人間を襲った事例は数多い。１８９５年、ナンセンとヨハンセンが氷上を歩いていた際にも、ヨハンセンがあやうくホッキョクグマに殺されそうになっている。１９７１年から１９９５年のあいだに、スヴァールバル諸島ではホッキョクグマによる襲撃事件が８０件発生していて、１０人が怪我を負い、うち４人が亡くなっている。どの襲撃も突然で、前触れはいっさいなかったという。怪我をした人も亡くなった人も、いずれも武器は持っていなかった。事例のうち、４件に３件の割合で、ホッキョクグマは襲撃のはじめに後ろ足で立ちあがり、前足で殴りかかっている。それから犠牲者の頭や首のあたりに咬みつくことが多い。怪我の種類としては、頭蓋や顎、顔、首の骨が折れる、頭や首、腕、脚の皮膚や軟部組織が失われる、などがある。

現代の極地探検では、ホッキョクグマから身を守るため、犬を使ったり、テントの周りに仕掛け線を張って爆竹とつなげたり、テント内に信号拳銃（威嚇のため）を、フライシート内の前室に猟銃を用意したりしている。

ホッキョクグマの主な食料はアザラシで、とりわけ脂を食べる。肉はその次だ。たいそう空腹であれば、骨を折って髄を食べることもある。まれではあるが、骨そのものを食べることもある。ホッキョクグマは自分の縄張りをとくに持たず、氷上で餌を探して１日１００キロメートルもの距離を移動することもある。３０キロメートル離れたところにいるアザラシのにおいも嗅ぎつけることができる。獲物を殺したあとは、それを引きずってその場から数メートル遠ざかり、それから食べはじめることが多い。アザラシ１頭を１度に食べきることはあまりない。

夏になって北極海の氷がとけると、ホッキョクグマは氷の縁を追いかけて北へ向かう。ワモンアザラシがそこに生息しているからだ。うっかり陸地に取り残されたまま秋を迎えたホッキョクグマは、食料がたいへん乏しいので、餌を求めるあまり行動様式が変わって攻撃的になる。空腹に苦しんだホッキョクグマは、最終的にはなんでも食べるようになる。

ホッキョクグマによる襲撃が死因であると考えられる根拠	ホッキョクグマによる襲撃が死因ではないと考えられる根拠
氷上徒行中、３人がホッキョクグマの威力を甘く見ている場面が何度もある。たとえば９月２７日、ストリンドベリは自分たちのアザラシを奪おうとしたホッキョクグマに駆け寄り、驚かせて追い払おうとしている アンドレーは日誌に２度、クヴィト島にホッキョクグマの姿が見えたと書いている。２度目は、日誌の記述が完全に途絶える前の日のことだ 島ではだれかが、モルヒネが要るほどの痛みに苦しんでいたらしい 探検隊が蓄えていた肉や調理のにおいで、腹をすかせたホッキョクグマが寄ってきただろう。クヴィト島にいるホッキョクグマは、なかなかアザラシをつかまえることができない。１０月、ホッキョクグマはもっと北にいるべきなのだ ストリンドベリはほかの隊員よりも先に死んだ（少なくともひとりは彼のあとに生き残っている） ストリンドベリのペンダントヘッドが、肌着の中から見つかっている。首に襲いかかられたせいで、ペンダントがはずれたのではないだろうか？ ストリンドベリのジャケットの損傷は、死亡時に生じたと考えるのがもっとも自然だ。ストリンドベリが２枚重ねてはいていたズボン下は、右脚の部分が引きちぎられている	クヴィト島のホッキョクグマは、探検隊員よりも、隊が蓄えていた肉のほうに関心があったはずだ ストリンドベリがホッキョクグマに襲われて殺されたとすれば、フレンケルもボートから自分の猟銃をとってきて、そばに置いていなければおかしい アンドレーは、岩棚に座って両脚を前に伸ばし、猟銃を脇に置いていた。みずからその体勢で腰を下ろしたと考えられる。クマが死体を引きずってきてそこに置いたようには見えない。アンドレーがホッキョクグマに殺されたとすれば、クマは死体を引きずってその場から遠ざかったはずだ ホッキョクグマの攻撃パターンは、フレンケルが死亡時にテント内に横たわっていた事実と矛盾する

ストリンドベリは可能性が高い。フレンケルも可能性あり。アンドレーは比較的考えにくい

モルヒネ

ストリンドベリはクヴィト島でみずから命を絶ったのでは？　あるいは、フレンケルとアンドレーがストリンドベリの死後、自分たちを待ち受けている運命を悟り、みずから命を絶ったのでは？　北極圏の中でもとりわけホッキョクグマの数多く生息する地域で、テントで越冬しようとしているのだ。ほかのふたりのあとに生き残った最後のひとりは、気力を失い、薬の過剰摂取で自殺したのではないか？

極地で越冬しなければならないとなると、危険にさらされ孤立した状況で、精神に影響が及ぶ。いわゆる"越冬症候群"は、睡眠障害、記憶力や集中力の低下、うつ状態、強い不安、過敏性に加え、グループ構成員のあいだに緊張や対立を引き起こす。研究によれば、隊の状況に大きな責任を負っている探検隊長は、ほかの隊員よりも激しい不安にさいなまれるという。

極地探検の歴史は、越冬症候群の物語であふれている。探検隊の全員がうつ状態に陥ったこともあり、１８９８年のベルギーの南極探検隊がその一例だ。１８８１年から８４年にかけて、カナダのエルズミア島に科学基地を築こうとしたグリーリー探検隊では、孤立した状況と精神的なストレスのせいで、自殺や人肉食が起きている。２５人いた探検隊員のうち、生き延びたのは６人だけだった。

アンドレー探検隊が持参した薬のうち、過剰摂取によって命を絶つことのできる薬はふたつあった。モルヒネとアヘンだ。モルヒネの錠剤はクヴィト島で取り出されていた。島に到着した時点で、多ければ２８錠が残っていたはずだ。モルヒネの致死量は１２０～２００ミリグラムで、１２～２０錠に相当するが、もっと少ない量でも深い眠りに落ちて凍死する可能性はある。（アヘン錠剤はもっと弱く、モルヒネの含有量はわずか１０パーセントだ。したがって、アヘン錠剤の過剰摂取だけで致死量を摂取することはできない。クヴィト島で薬箱からアヘンは出されていなかった。）

一酸化炭素中毒
テント内の酸欠
海藻スープでの食中毒
壊血病
旋毛虫症
ビタミンA過剰症
ボツリヌス症
低体温症
鉛中毒
銃創
ホッキョクグマによる襲撃

モルヒネが死因であると考えられる根拠	モルヒネが死因ではないと考えられる根拠
絶望的な状況 クヴィト島でモルヒネが荷物から出されていた アンドレーは、自分が立てた計画が完全な失敗に終わったばかりか、隊員をひとり（場合によってはふたり）失った アンドレーは気球で飛行中、日誌にこう書いている――“これほどのことを成し遂げたいま、死に直面するのはそう難しくないだろうと感じている” アンドレーは１８８２年から１８８３年にかけて、スヴァールバル諸島の《スウェーデン人の家》で越冬した際、うつのような症状に見舞われている 氷上を歩いているあいだ、だれよりも精神的に参っていたのはフレンケルで、アンドレーはたとえば８月９日に“気力があまり残っていないように見える”と書いている	当時の考え方では、自殺は許されざる行為だ フレンケルについての８月９日の記述を除けば、日誌には、探検隊の３人がうつ状態に陥ったり絶望したりといった記述はない モルヒネやアヘンがガラス管の底に残っていた。自殺するつもりなら、管の中身をすべてのみこもうとするのではないか ストリンドベリは婚約したばかりで、故郷に戻るため全力を尽くす理由があった
ストリンドベリは考えにくい。フレンケルは可能性あり。アンドレーも可能性あり	

クヴィト島は輝いている。北極海のまんなかで、だれも見ていないのに。
わたしがストックホルムにいて、これを書いているいまも、
クヴィト島は光に包まれている。

見ている人はだれもいない。
それでも、輝いている。

訳者あとがき

一八九七年。人類がまだ北極点に到達していないこの時代に、スウェーデンのサロモン・アウグスト・アンドレー率いる探検隊が、水素気球での北極横断を企てた。ところがこの飛行は三日弱しか続かず、気球は氷上に不時着。探検隊の三人は陸地をめざして、北極海を漂流する氷盤から氷盤へと渡り歩いた。二か月半にわたる困難な道のりを経て、三人はついに無人島、クヴィト島に上陸する。この緯度で人間が越冬に成功した例がないわけではない。幸い、食料はふんだんにあるし、装備も揃っている。暗い冬を乗り越えて春を迎えることができれば、また氷上を歩いて陸地をめざせるはずだ。ところが、上陸からわずか数日で、隊員がつけていた日誌の記述がすべてとぎれる。三十三年後、クヴィト島を偶然通りかかった猟師と学者の一団によって、三人の遺体が発見された。

氷上で二か月半も生き延びたのに、なぜ陸地にたどりついたとたん死んでしまったのか。幾多の研究者が挑んできたこの謎に、本書の著者、ベア・ウースマも真っ向から取り組んだ。ウースマはかつてイラストレーターとして活躍していたが、その後医師になったという経歴の持ち主だ。アンドレー探検隊についての本を読んだのがきっかけで、この隊の物語に強く惹かれ、独自に調査を始めた。それから十五年以上、北の地へ何度も赴き、探検隊の遺品を所蔵した博物館に足繁く通い、医師としての知識も駆使して記録を読み解く作業を続けた結果、これまで見過ごされてきた事実をつきとめ、新たな仮説を立てるに至った。この研究の成果をまとめたのが本書『北極探検隊の謎を追って』だ。

気球で北極を横断しようとしたと聞くと、現代のわたしたちは、なんと無謀な、と思わずにはいられない。だが、十九世紀末ヨーロッパの時代精神は、いまとはまったくちがっていた。地球上にまだ〝秘境〟がたくさんあり、それらの地を命がけで探索することが、英雄的な行為として賞賛されていた時代だ。とくに北極や南極はまだ未踏の地で、数多くの探検家が挑んでは散っている。アンドレー隊の三人も、死を覚悟してこの企てに挑んだことは明らかだ。

その一方で、当時は科学技術というものに絶大な信頼が置かれていて、最先端技術である水素気球を用いるアンドレーの計画を支持する人はけっして少なくなかった。ノーベル賞で有名な発明家アルフレッド・ノーベルは、この探検計画に多額の資金援助をしている。国王オスカル二世からの寄付もあり、ナショナリズムの高揚ともあいまって、気球での北極探検は国を挙げての企てとなっていた。

こうして一八九六年夏、アンドレー探検隊は出発を試みたが、風向きに恵まれず、計画はいったん頓挫する。この時点で気球がガス漏れを起こしていることも明らかになり、隊員のひとりが脱退するという事態にもなった。にもかかわらず、計画はその翌年に強行された。アンドレーのプライドが、あるいは国の期待が邪魔をして、失敗を認めることができなかったのか。いまさらあとには引けないと思ってしまったのか。一八九六年の晩夏、ノルウェーの探検家フリチョフ・ナンセンが、北極点到達には至らなかったものの、フラム号による北極遠征を終えて無事帰還したことも、アンドレーの判断に影響しただろう。ナンセンは北緯八十度付近での越冬に成功している。アンドレーがどうなったかは本書に記されているとおりだ。

アンドレー北極探検隊は、日本ではあまり知られていないかもしれないが、氷の上で横倒しになった気球の写真を見たことがある人は、それなりにいるのではないだろうか。強烈な印象を残す写真だ。死因の謎も含めて、アンドレー探検隊の物語は人々の想像力・創造力を刺激してやまない。数多くの本、映画、芸術作品がここから生まれている。

スウェーデンではとりわけ、一九六七年に発表されたP・O・スンドマンの小説『*Ingenjör Andrées luftfärd*（技師アンドレーの飛行）』（『気球エルン号の死』松谷健二訳、早川書房）が有名だ。著者はアンドレー探検隊について徹底的に研究し、その成果を、隊員クヌート・フレンケルを語り手とした小説の形にまとめた。これは北欧理事会文学賞を獲得するなど高く評価され、一九八二年には映画化されてアカデミー賞外国語映画賞にノミネートされた。ヤン・トロエル監督によるこの作品「アンドレーの北極気球探検行」では、名優マックス・フォン・シドーがアンドレーを演じている。

ベア・ウースマも、この物語に魅せられたひとりだ。本書の原題は『探検隊――わたしのラブストーリー』。人間の生き血を初めて味わった吸血鬼のよう、と自分で書いているほどの強烈な惹かれようで、たしかに恋のようなものだったのかもしれない。執念にも似た情熱をもって探検隊を追いかけるウースマのラブストーリーが、出発前に婚約したばかりだった隊員、ニルス・ストリンドベリのラブストーリーと徐々に重なりあう。ニルスは当時二十四歳、彼の父親は、スウェーデンの文学史に名を残す劇作家、アウグスト・ストリンドベリのいとこだ。科学者として将来を嘱望され、バイオリン演奏が趣味で、ピアノ教師のアンナ・シャーリエと婚約していた。文化的な暮らしをしていた上流社会の青年だ。そんな彼は、一八九六年の失敗を経てなお、アンドレーとその計画に忠実でありつづけた。氷上での苦役にも耐えぬいたが、クヴィトー島で力尽きて仲間に埋葬された。

過酷な自然の中で、日々のできごとを日誌に細かく記すアンドレー。婚約者に宛てて日記を書きつづったストリンドベリ。三人は会話をかわし、誕生日を祝い、ワインを開け、ときに冗談を言いあいながら進んでいく。出口のない真っ白な悪夢の中で発揮される、このいかにも文明的な人間らしさには、感嘆を通り越してシュールな印象すら抱かされるが、そこに人間の本質が表れているという気もする。極限状況の人間に、最後まで残るもの。だが、それもクヴィトー島でついに失われ、三人は海岸の砂粒とまじりあう。アンドレー隊の物語がこんなにも人を惹きつけるのはそのせいだろうか。

本書は二〇一三年、スウェーデンの権威ある文学賞、アウグスト賞のノンフィクション部門を受賞した。先述したアウグスト・ストリンドベリの名を冠した賞だ。ベア・ウースマは現在も探検隊についての調査を続けていて、二〇二一年三月現在、本書でも紹介されているアンドレーの二冊目の日誌、判読困難な最後の数日分を、最新技術を使って読み解く試みに着手しているという。

本書の翻訳にあたっては、ノルウェーの人名や地名の表記について、ノルウェー語講師・翻訳者の青木順子さんにご助力をいただいたほか、青土社の篠原一平さん、福島舞さんにもたいへんお世話になりました。この場を借りてお礼を申し上げます。

ヘレンハルメ美穂

資料

事実検証協力
アンデシュ・ラーション、ヨーテボリ大学図書館主任司書、ヨーテボリ

死因に関する事実の検証協力
マルク・ペションネ、上級医・毒物情報センター所長、ストックホルム

参考文献・資料

一次資料

– アンドレーの主な日誌（資料番号 APXP 458 C）
– アンドレーの２冊目の日誌（資料番号 APXP 520）
– ストリンドベリの１冊目の観察日誌（資料番号 APXP 6）
– ストリンドベリの２冊目の観察日誌（資料番号 APXP 266）
– ストリンドベリの１８９６年の手帳（資料番号 APXP 268）
– ストリンドベリの１８９７年の手帳（資料番号 APXP 462）
– ストリンドベリの１８９７年の手帳（資料番号 APXP 460 C）
– ストリンドベリの１８９７年の注釈付き手帳（資料番号 APXP 459 A と B）
– フレンケルの気象観測日誌（資料番号 APXP 460 A）
– アンドレー探検隊による日誌の複写、王立科学アカデミー科学史センター
– グレンナ博物館所蔵資料
– ニルス・ストリンドベリ・コレクション、王立図書館手書き原稿部門
– サロモン・アウグスト・アンドレーの遺した書類、王立図書館手書き原稿部門
– １８９６年アンドレー探検隊の荷物一覧、私蔵
– “アンナとオッカ、電報を受け取る”：ニルスの弟スヴェン・ストリンドベリへの手紙で、オッカがアンナの反応と、自分の感じたことについて書いている。１８９７年７月２２日付。私蔵

報告書

– Broadbent N, Olofsson J. *Archaeological investigations of the S A Andrée site, White Island, Svalbard 1998 and 2000.*（Ｓ・Ａ・アンドレー野営地跡の考古学的調査、スヴァールバル諸島クヴィトー島、１９９８年と２０００年）ウメオ大学考古学・サーミ研究学部、１９９８年と２０００年
– *Den svensk-norska kommissionen för konservering och undersökning av Andrée-fynden.*（アンドレー関連発見物の保存と調査のためのスウェーデン＝ノルウェー共同委員会による報告）トロムソ市裁判所、案件番号34/1930 B の写し。グレンナ博物館
– *Den svensk-norska kommissionen för konservering och undersökning av Andrée-fynden.*（アンドレー関連発見物の保存と調査のためのスウェーデン＝ノルウェー共同委員会による報告）トロムソ市裁判所、案件番号35/1930 B の写し。グレンナ博物館

– Hedrén G. *Protokoll över undersökning av likrester härrörande från deltagarne i S A Andrées nordpolsexpedition. 2-4 samt 16-18 september 1930.*（Ｓ・Ａ・アンドレー北極探検隊員の遺体の調査記録。１９３０年９月２～４日および１６～１８日）グレンナ博物館
– Lithberg N. *Berättelse öfver de af m/s Bratvåg från Vita ön hemförda resterna efter S A Andrées Polarexpedition år 1897, och deras tillvaratagande i Tromsö den 2-8 september 1930.*（ブラトヴォーグ号によりクヴィト島から回収された１８９７年Ｓ・Ａ・アンドレー北極探検隊の遺物と、そのトロムソにおける保管についての記録、１９３０年９月２～８日）グレンナ博物館。この記録には、手書きの版とタイプライターで書かれた版があり、完全には一致していない。
– Stubbendorff K. *Intyg för överlämnande av m/s Isbjörnsfynden.Tromsö den 16 september 1930.*（イースビョルン号による発見物の譲渡証明書。トロムソ、１９３０年９月１６日）グレンナ博物館
– Törnvall G. *Dokumenten från Vitön. En undersökning kring ett materials historia och framtid.*（クヴィト島からの記録――資料の歴史と将来に関する調査）ヨーテボリ大学環境学・文化財保護学部。修士論文、２００２年
– *Textil konserveringsrapport*（繊維保存報告書）王室武儀博物館・スコークロステル城・ハルヴィル博物館、１９７８年
– Uusma Schyffert B. *Andrée-expeditionens dödsorsak*（アンドレー探検隊の死因）カロリンスカ研究所、２０１０年

テレビ番組

– ＮＯＶＡ〔科学番組。１９９４～２００２年放映〕番組7/97、９７年４月１４日放映、制作番号62-97/0401-07。スウェーデン・テレビ
– ＮＯＶＡ、番組13/00、００年９月２５五日放映、制作番号62-00/0401-13。スウェーデン・テレビ

書籍（一部）

- Andersson G 編 *SA Andrée. Hans följeslagare och hans polarfärd 1896-1897.*（Ｓ・Ａ・アンドレー――その同行者たちと極地での旅路、１８９６～１８９７年）スウェーデン人類学・地理学協会（Svenska Sällskapet för Antropologi och Geografi、ＳＳＡＧ）より、PA Norstedt & söner社を通じて刊行, 1906
- Andrée SA, Strindberg N, Frænkel K. Svenska Sällskapet för Antropologi och Geografi. *Med Örnen mot polen.*（エルネン号で北極へ）Albert Bonniers förlag, 1930
- Beattie O, Geiger J. *Frozen in time. The fate of the Franklin expedition.*（時の中で凍りついて――フランクリン探検隊の運命）Greystone Books, 2004
- Haglund S, Ångström A. *Andrée. Mannen med vilja och mod.*（アンドレー――意志と勇気の男）Natur och Kultur, 1930
- Kjellström R. *Polarliv.*（極地生活）Carlsson bokförlag, 2009
- Kjellström R. *Polaräventyr.*（極地冒険）Carlsson bokförlag, 1995

- Kjellström R. *Breven från Arktis. Dagböcker och brev från fångstmän 1834-1926.*（北極圏からの手紙――猟師たちの日誌や手紙、１８３４～１９２６）Carlsson bokförlag, 2003
- *Fynden på Vitön. Minnesutställning över S A Andrée, Nils Strindberg och Knut Frænkel anordnad i Liljevalchs konsthall januari 1931.*（クヴィト島での発見――Ｓ・Ａ・アンドレー、ニルス・ストリンドベリ、クヌート・フレンケル追悼展示、１９３１年１月にリリエヴァルク美術館で開催）Hasse W Tullbergs boktryckeri, 1931
- Lundström S. *Andrées polarexpedition. Ett ödesdrama i text och bild.*（アンドレー北極探検隊――文と図で見る運命のドラマ）Wiken, 1988
- Lundström S. *Vår position är ej synnerligen god... Andréexpeditionen i svart och vitt.*（われわれの位置は良好とは言いがたい……白黒写真で見るアンドレー探検隊）Carlssons bokförlag, 1997
- Martinsson T. *Nils Strindberg. En biografi om fotografen på Andrées expedition.*（ニルス・ストリンドベリ――アンドレー探検隊の写真家の伝記）Historiska media, 2006
- Nansen F. *Fram över Polarhavet.*（北極海を進むフラム号）Bokförlaget Niloe, 1953（邦訳：フリッチョフ・ナンセン『フラム号北極海横断記：北の果て』ニュートンプレス、太田昌秀訳、１９９８年）
- Pallin HN. *Andréegåtan.*（アンドレーの謎）JA Lindblads förlag, 1934
- Rydén P. *Den svenske Ikaros. Berättelserna om Andrée.*（スウェーデンのイカロス――アンドレーについての物語）Carlsson bokförlag, 2003
- Sollinger G. *SA Andrée and aeronautics: an annotated bibliography.*（Ｓ・Ａ・アンドレーと航空学――注釈付き文献目録）ロシア科学アカデミー自然科学・技術史研究所、2005
- Sollinger G. *SA Andrée: the beginning of polar aviation 1895-1897.*（Ｓ・Ａ・アンドレー――極地飛行の始まり、１８９５～１８９７年）ロシア科学アカデミー自然科学・技術史研究所、2005
- Stefansson V. *Unsolved mysteries in the Arctic.*（北極圏での未解決の謎）Essay index reprint series, 1972
- Sundman PO. *Ett år: anteckningar och kommentarer i dagbok, körjournaler för bil och i största allmänhet september 1966 till augusti 1967 kring arbetet med romanen Ingenjör Andrées luftfärd.*（１年――小説『技師アンドレーの飛行』関連の仕事をしていた１９６６年９月から１９６７年８月までの日記、車の運転記録、その他もろもろのメモとコメント）E Ericssons bokh, 1967
- Sundman PO. *Ingenjör Andrées luftfärd.*（技師アンドレーの飛行）PA Norstedt & söners förlag, 1967（邦訳：ペール・ウーロフ・スンドマン『気球エルン号の死』早川書房、松谷健二訳、１９７５年）
- Sundman PO. *Ingen fruktan, intet hopp. Ett collage kring SA Andrée, hans följeslagare och hans polarexpedition.*（恐怖はなく、希望もない――Ｓ・Ａ・アンドレーとその同行者、北極探検についてのコラージュ）Bonniers, 1968
- Tryde EA. *De döda på Vitön. Sanningen om Andrée.*（クヴィト島の死者たち――アンドレーについての真実）Bonniers, 1952

- Wråkberg U 編 *The Centennial of SA Andrée's North Pole expedition.*（S・A・アンドレー北極探検隊百周年）王立科学アカデミー科学史センター、1999

教材

- *Kompendium i rättsmedicin för läkarlinjen*（医学部のための法医学テキスト）カロリンスカ研究所法医学部門、ストックホルム

新聞・週刊誌記事

- Dagens Nyheter紙、１９３０年８月２３～２６日、２９日、９月１～３日、５～１２日、１８～１９日、２１日、２３日、１９３１年２月１１日
- Nya Dagligt Allehanda紙、１９３０年９月９日
- Stockholms Dagblad紙、１９３０年８月２８日
- Svenska Dagbladet紙、１９３０年８月２４～２５日、９月５日、８～９日、１１日、１８～１９日、２１日、２３～２４日、２８日、１０月２５日、１１月２５日
- Tidens Tegn紙、１９３５年１１月２日、１１日、１６日
- Vecko-Journalen誌、１９３０年３６号（２８～２９ページ）、３８号（２６～３１ページ）、４０号（１２～１３ページ、４４ページ、５３ページ）

クヌート・ストゥッベンドルフは、クヴィト島からの帰路、日刊紙に直接記事を送っていた。グンナル・ホーンも日刊紙のインタビューに応じていた。クヴィト島での発見について初期に出た新聞記事では、その後の記録に出てこない詳細がいくつも報じられている。

雑誌記事

- Forsell S, Lorentsen N. "Andrée ble blyförgiftet?"（アンドレーは鉛中毒だった？）*Svalbardposten*, 1998
- Granberg PO, Kjellström R. "Hypotermi troligaste orsaken till Andrée-männens död"（低体温症、アンドレー隊のもっともありうる死因）*Läkartidningen*, 2001
- Personne M. "Andrée-expeditionens män dog troligen av botulism"（アンドレー探検隊員はおそらくボツリヌス症で死んだ）*Läkartidningen*, 2000
- Personne M. Replik:"Hypotermihypotesen kallnar vid granskning"（反論：検討を進めると低体温症仮説の可能性は低くなる）*Läkartidningen*, 2001
- Schytt V. コメント *Läkartidningen*, 1983
- Strindberg T. *Ymer*誌, "Teori om Andrée-expeditionens undergång"（アンドレー探検隊の悲運に関する仮説）SSAG Generalstabens litografiska anstalt Stockholm, 1940
- Stubbendorff K. "Reportage i norr. Med Knut Stubbendorff till Vitön"（北方からのルポルタージュ——クヌート・ストゥッベンドルフとクヴィト島へ）*Lektyr*, 1952
- Wessel Zapffe P. "Litt omkring Andrée"（アンドレーについて少々）*Polarboken 1985–*

1986. Norsk Polarklubb, 1986
- Öhrström M. "Apropå arktiska expeditioner"（北極探検隊に関して）*Läkartidningen*,1983

小冊子

- Liljedahl E. *Hur gick Andrée-expeditionen under?*（アンドレー探検隊はどのような最期を迎えたのか？）H. Carlsons bokh. 1931
- Åbom PE. *Trikiner – eller vad dog Salomon August Andrée av?*（旋毛虫症――あるいはサロモン・アウグスト・アンドレーはなぜ死んだのか？）Smittskyddets och infektionsklinikens skriftserie nr 6, Länssjukhuset Ryhov, Jönköping, 2003

講演

- Granberg PO. *Cold Physiology and Cold injury.*（寒冷生理学と寒冷傷害）第５回環境人間工学国際会議記録、オランダ・マーストリヒト , 1992

科学論文

ビタミンＡ過剰症

– Carrington-Smith D. "Mawson and Mertz: a re-evaluation of their ill-fated mapping journey during the 1911–1914 Australasian Antarctic expedition", *The Medical Journal of Australia*, 2005
– Hathock JN, Hattan DG, Jenkins MY, McDonald JT, Sundaresan PR, Wilkening VL. "Evaluation of vitamin A toxicity", *American Journal of Clinical Nutrition*, 1990
– Käkelä R, Hyvärinen H, Käkelä A. "Vitamins A1 (Retinol) A2 (3,4-Didehydroretinol) and E (alphatocopherol) in the Liver and Blubber of Lacustrine and Marine ringed seals (Poca Hispida sp)", *Comparative Biochemistry and Physiology part B: Biochemistry and Molecular Biology*, 1997
– Lewis RW. "The vitamin A content of polar bear liver: Range and variability", *Comparative Biochemistry and Physiology*, 1967
– Penniston KL, Tanumihardjo SA. "The acute and toxic effects of vitamin A", *American Journal of Clinical Nutrition*, 2006
– Rodahl K, Moore T. "The Vitamin A content and toxicity of Bear and Seal liver", *Biochemical Journal*, 1943

鉛中毒

– Aasebo U, Kjaer KG. "Lead poisoning as possible cause of deaths at the Swedish House at Kapp Thordsen, Spitzbergen, winter 1872-3", *British Medical Journal*, 2009
– Kowal W, Krahn P, Beattie O. "Lead levels in human tissues from the Franklin Forensic Project", *International Journal of Environmental Analytical Chemistry*, 1989
– McCord CP. "Lead and lead poisoning in early America", *Industrial Medicine & Surgery*, 1953

ボツリヌス症

– Personne M. “Andrée-expeditionens män dog troligen av botulism”, *Läkartidningen*, 2000
– Hauschild AWH, Gauvreau L. “Food-borne botulism in Canada (1971–1984)”, *Canadian Medical Association Journal*, 1985
– Horowitz BZ. “Polar poisons: did botulism doom the Franklin expedition?”, *Journal of Toxicology – Clinical Toxicology*, 2003
– Sobel J. “Botulism”, *Clinical Infectious Diseases*, 2005
– Smith GR, Turner A, Till D. “Factors affecting the toxicity of rotting carcasses containing Clostridium botulinum type E”, *Epidemiology and Infection*, 1988
– Sörensen HC. “Botulism in Ammassalik”, *Ugeskrift for laeger*, 1993

ホッキョクグマによる襲撃

– Risholt T. “Man and polar bear in Svalbard: a solvable ecological conflict?”, *International Journal of Circumpolar Health*, 1998

モルヒネ

– Steine K, Röseth AG, Sandbaek G, Murrison R, Slagsvold CE, Keller A et al. “Økt kortisolnivå, frostskador og påvirkning av muskler og skelett under ekstreme polarforhold”, *Tidsskrift for den norske lægeforen*, 2003
– Steine S, Steine K, Sandbaek G, Röseth AG. “En polarexpedition i motbør – opplevelser og psykiske reaksjoner”, *Tidsskrift for den norske lægeforen*, 2003
– Palinkas LA, Suedfeld P. “Psychological effects of polar expeditions”, *Lancet*, 2008

低体温症

– Oumeish YO, Parish LC. “Marching in the Army: Common Cutaneous Disorders of the Feet”, *Clinics in Dermatology*, 2002

壊血病

– Baron JH. “Sailor’s scurvy before and after James Lind – a reassessment”, *Nutrition Reviews*, 2009

旋毛虫症

– Darwin Murrell K, Pozio E. “Worldwide Occurrence and Impact of Human Trichinellosis, 1986–2009”, *Emerging Infectious Diseases*, 2011
– Hill DE, Forbes L, Zarlenga DS, Urban JF Jr, Gajadhar AA, Gamble HR. “Survival of North American genotypes of Trichinella in frozen pork”. *Journal of Food Protection*, 2009
– Kocicka W. “Trichinellosis: human disease, diagnosis and treatment”, *Veterinary Parasitology*, 2000
– Møller LN, Petersen E, Kapel CM, Melbye M, Koch A. “Outbreak of trichinellosis associated with consumption of game meat in West Greenland”, *Veterinary Parasitology*, 2005
– Nelson GS. “More than a Hundred Years of Parasitic Zoonoses: with Special Reference to Trichinosis and Hydatid Disease”, *Journal of Comparative Pathology*, 1988
– Schellenberg RS, Tan BJ, Irvine JD, Stockdale DR, Gajadhar AA, Serhir B et al. “An outbreak of trichinellosis due to consumption of bear meat infected with trichinella nativa,

in 2 northern Saskatchewan communities", *Journal of Infectious Diseases*, 2003
– Larsen T, Kjos-Hanssen B. "Trichinella sp. in polar bears from Svalbard, in relation to hide length and age", *Polar Research*,1983

専門家との話し合い

Ulf Aasebø（ウルフ・オーセボー）呼吸器内科教授、トロムソ大学・北ノルウェー大学病院、ノルウェー
Tom Arnbom（トム・アーンボム）北極圏と肉食獣の専門家、ＷＷＦ、ストックホルム
Bengt-Olov Berggren（ベングト＝オーロフ・ベリグレン）猟師・建築家、ストックホルム
Silvia Botero（シルヴィア・ボテロ）医師・医学博士（特殊診断・寄生虫学）、感染症対策研究所、ストックホルム
Noel Broadbent（ノエル・ブロードベント）考古学博士、スミソニアン協会、米国ワシントンＤＣ
Birgitta Bååth（ビルギッタ・ボート）画家、アンナ・シャーリエの妹シグネの孫、ヴェリンゲ
Magnus Carlsson（マグヌス・カールソン）医学史著述家、元リューホヴ県立病院上級医、ヨンシェーピン
Martin Csatlos（マルティン・チャトロース）法医学者、カロリンスカ研究所法医学部門、ストックホルム
Weine Drotz（ヴェイネ・ドロッツ）法医学専門家、国立科学捜査研究所、リンシェーピン
Henrik Druid（ヘンリック・ドルイド）法医学者、カロリンスカ研究所法医学部門、ストックホルム
Sigge Eriksson（シッゲ・エリクソン）整形外科医、サールグレンスカ大学病院、ヨーテボリ
Ann Grönhammar（アン・グレーンハンマル）学芸員、王室武儀博物館・スコークロステル城・ハルヴィル博物館、ストックホルム
Uffe Hylin（ウッフェ・ヒュリーン）医学博士・整形外科医、ストックホルム南病院、ストックホルム
Anders Häggblom（アンデシュ・ヘッグブロム）自然地理学者・北極探検隊リーダー、スンドビーベリ
Håkan Jorikson（ホーカン・ヨーリクソン）グレンナ博物館長、グレンナ
Daniella Kalthoff（ダニエラ・カルトホフ）学芸員、自然史博物館脊椎動物部門、ストックホルム
Kjell G Kjaer（シェル・G・シャール）歴史学者、ノルウェー・ヴァンナライド
Lennart Kjellander（レナート・シェランデル）犯罪現場検証・鑑識官、国家刑事警察、ストックホルム

Pentti Kronqvist（ペンッティ・クローンクヴィスト）ナノック北極博物館長、フィンランド・ヤコブスタード（ピエタルサーリ）
Anders Larsson（アンデシュ・ラーション）主任司書、ヨーテボリ大学図書館、ヨーテボリ
Henry Lindkvist（ヘンリー・リンドクヴィスト）テレビのクイズ番組《当てれば２倍、はずせばゼロ》で１９８６年、アンドレー探検隊をテーマに勝者となった人物、ヘムセ
Mari Lundberg（マリー・ルンドベリ）学芸員、グレンナ博物館、グレンナ
Maud Marcus（モード・マルクス）元繊維保存担当、王室武儀博物館・スコークロステル城・ハルヴィル博物館、ストックホルム
Åsa Marnell（オーサ・マーネル）王室武儀博物館収蔵品部門長、王室武儀博物館・スコークロステル城・ハルヴィル博物館、ストックホルム
Jörgen Nordenström（ヨルゲン・ノーデンストレム）外科学教授、カロリンスカ医科大学病院、ソルナ
Andreas Nordström（アンドレアス・ノードストレム）アーレンツ式速記の専門家、ヒーシングス・バッカ
Lennart Persson（レナート・ペーション）国立獣医学研究所寄生虫学部門の元研究者、ヴィスビー
Mark Personne（マルク・ペションネ）上級医・毒物情報センター所長、ストックホルム
Sofia Prata（ソフィア・プラータ）考古学者・骨学者、ストックホルム
Robert Schwarcz（ロバート・シュワルツ）非常勤教授・感染症専門医、カロリンスカ医科大学病院、フディンゲ
Vera Simonsson（ヴェーラ・シモンソン）北極探検隊リーダー・２００９年の“今年の冒険家”、ノルウェー・モルデ
Sander Solnes（サンデル・ソールネス）文化財保存専門家、スヴァールバル知事部局、スヴァールバル諸島
Henrik Strindberg（ヘンリック・ストリンドベリ）作曲家、ニルス・ストリンドベリの弟スヴェンの孫、ストックホルム
Richard Tellström（リカルド・テルストレム）調理法の研究者、ウプサラ
Gunilla Törnvall（グニラ・トーンヴァル）書籍史学博士課程在籍、美術史学修士、修復保存学修士、ルンド大学、ルンド
Carl-Fredrik Wahlgren（カール＝フレドリック・ヴァールグレン）皮膚科学・性感染症学教授、カロリンスカ医科大学病院、ソルナ
Oscar Westman（オスカル・ヴェストマン）北極探検隊リーダー、ユードレ
Per-Erik Åbom（ペール＝エリック・オーボム）元感染症対策医師、リューホヴ県立病院、ヨンシェーピン

翻訳

Nordström A. ニルス・ストリンドベリがアーレンツ式速記で記した手帳の記述の新訳、２０１１年
Olof Lindborg（オーロフ・リンドボリ）が１９６８年、P・O・スンドマンの本『Ingenjör Andrées luftfärd（技師アンドレーの飛行）』のため、日誌の中の速記で書かれた部分を翻訳している。だが、わたしが原資料にあたってみたところ、一部が翻訳されていないことがわかった。アーレンツ式速記をいまなお翻訳できる人は、スウェーデンに３人いる。アンドレアス・ノードストレムが今回、ストリンドベリが日誌に速記で記した部分をすべて翻訳し、１９６８年の翻訳にあった複数の誤りも正してくれた。

本書でわたしは、グレンナ博物館アンドレー探検隊・北極圏センターのことを、その旧名で、アンドレー博物館と呼んでいる。

写真・図版

写真

ニルス・ストリンドベリ／グレンナ博物館アンドレー探検隊・北極圏センター：54-57, 70-71, 78-79, 273
撮影者不詳／グレンナ博物館アンドレー探検隊・北極圏センター：28, 40, 45, 83, 113-114, 195
撮影者不詳／王立図書館ニルス・ストリンドベリ・コレクションより、ヘンリック・ストリンドベリとスタファン・ストリンドベリの許可を得て：87
シッゲ・エリクソン：101
宮廷写真館ハンス・ナッハフォルガー・ドレスデン／ビルギッタ・ボート：35
ベア・ウースマ：5, 65, 97, 99, 241, 261, 275, おもて見返し, カバー裏, うら見返し
ヒルダ・ハーネ：259
シモン・ルードホルム：238-239
グニラ・トーンヴァル／王立科学アカデミー科学史センター：125, 280
王立科学アカデミー科学史センター：47, 201
ヨハン・サンドストレム：217
ヘンリック・シュフェット：21, 105
サンデル・ソールネス：179

図版

カーリ・モデーン：25, 31, 60, 66, 95, 103, 122, 207
ベア・ウースマ：186, 189, 191, 194, 244-245, うら見返し
ロッタ・キュルホーン：164
法医学庁：220
『エルネン号で北極へ』：232

謝辞

グレンナ博物館、ありがとうございます。

ロッタとエーミへ、心から、ほんとうにありがとう。

かけがえのない人、マルティナへ、あなたがいなかったら、この本は支離滅裂な文章を記した紙切れの束でしかなかったでしょう。

わたしのラブストーリー、ヘンリックへ。愛しています。

北極探検隊の謎を追って
人類で初めて気球で北極点を目指した探検隊は
なぜ生還できなかったのか

著者　ベア・ウースマ
訳者　ヘレンハルメ美穂

2021 年 4 月 10 日　第一刷印刷
2021 年 4 月 25 日　第一刷発行

発行者　清水一人
発行所　青土社

〒 101-0051　東京都千代田区神田神保町 1-29　市瀬ビル
［電話］03-3291-9831（編集）03-3294-7829（営業）
［振替］00190-7-192955

印刷・製本　ディグ
装幀　大倉真一郎

ISBN978-4-7917-7357-2　Printed in Japan

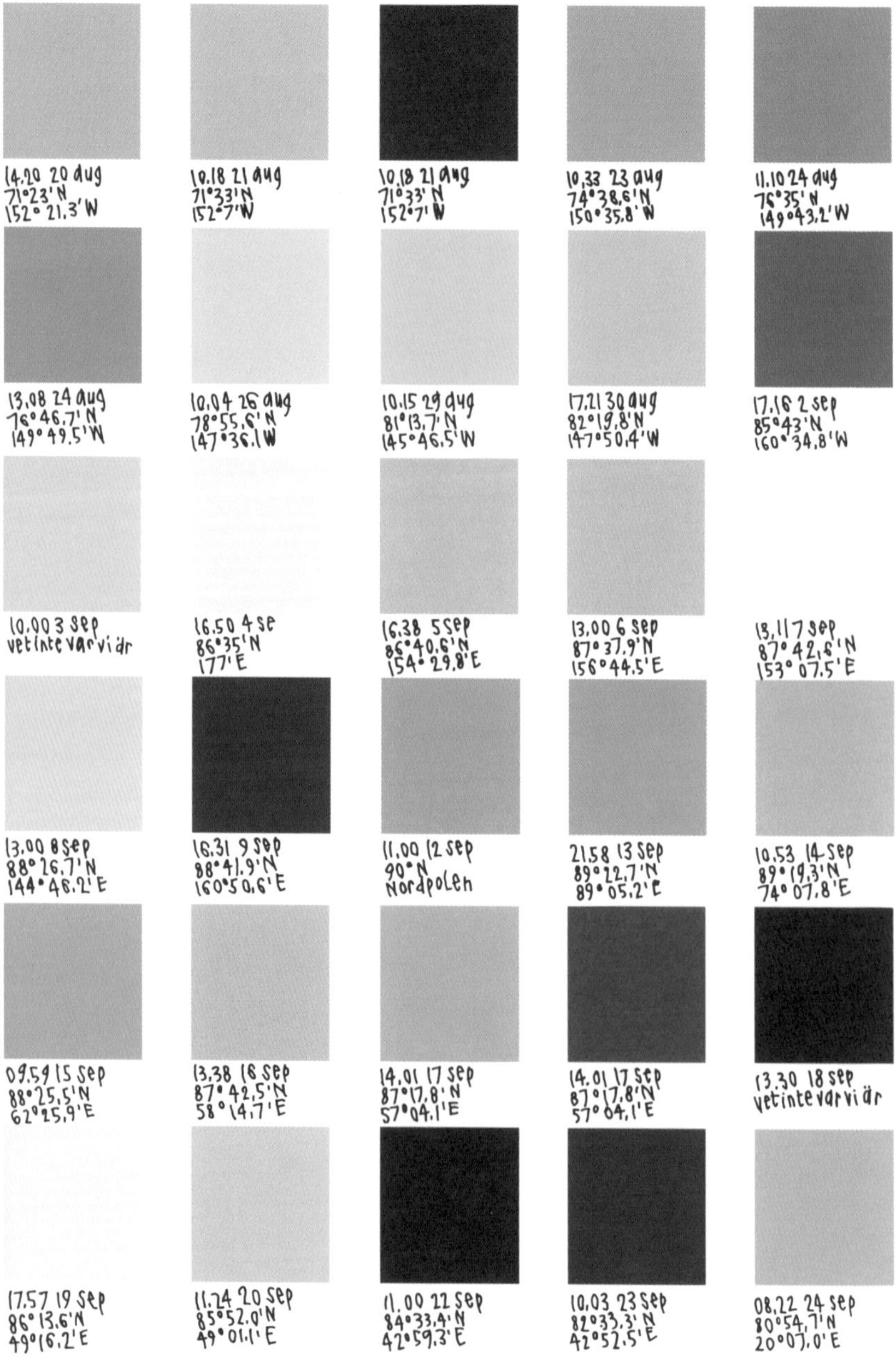
14.20 20 aug
71°23'N
152° 21.3'W
10.18 21 aug
71°33'N
152°7'W
10.18 21 aug
71°33'N
152°7'W
10.33 23 aug
74°38.6'N
150°35.8'W
11.10 24 aug
76°35'N
149°43.2'W
13.08 24 aug
76°46.7'N
149°49.5'W
10.04 26 aug
78°55.6'N
147°36.1'W
10.15 29 aug
81°13.7'N
145°46.5'W
17.21 30 aug
82°19.8'N
147°50.4'W
17.16 2 sep
85°43'N
160°34.8'W
10.00 3 sep
vet inte var vi är
16.50 4 se
86°35'N
177'E
16.38 5 sep
86°40.6'N
154°29.8'E
13.00 6 sep
87°37.9'N
156°44.5'E
13.11 7 sep
87°42.6'N
153°07.5'E
13.00 8 sep
88°26.7'N
144°46.2'E
16.31 9 sep
88°41.9'N
160°50.6'E
11.00 12 sep
90°N
Nordpolen
21.58 13 sep
89°22.7'N
89°05.2'E
10.53 14 sep
89°19.3'N
74°07.8'E
09.59 15 sep
88°25.5'N
62°25.9'E
13.38 16 sep
87°42.5'N
58°14.7'E
14.01 17 sep
87°17.8'N
57°04.1'E
14.01 17 sep
87°17.8'N
57°04.1'E
13.30 18 sep
vet inte var vi är
17.57 19 sep
86°13.6'N
49°16.2'E
11.24 20 sep
85°52.0'N
49°01.1'E
11.00 22 sep
84°33.4'N
42°59.3'E
10.03 23 sep
82°33.3'N
42°52.5'E
08.22 24 sep
80°54.7'N
20°07.0'E